U0910413

华夏文库·佛教书系

辉煌鼎盛

隋唐五代时期佛教

熊江宁　著

大地传媒　中州古籍出版社

《华夏文库》发凡

毫无疑问，每一个时代都有属于自己时代的精神追求、文化叩问与出版理想。我们不禁要问，在21世纪初叶，在全球文明交融的今天，在信息文明的发轫初期，作为一个中国出版人，我们正在或者将要追求什么？我们能够成就或奉献什么？我们以何种方式参与全球化时代的文化传播进程？在一连串的追问下，于是，有了这套《华夏文库》的出版。

自信才能交融。世界各大文明在坚守自身文化个性的同时，不约而同地加快了探视其他文化精神内涵的步伐，世界不同文明正在朝着了解、交流、碰撞、借鉴与融合的方向前进。在此背景下，建立自身的文化自信，正是与世界各文明民族进行文化交流的基本要求。五千年中华文明与文化正在不断地被其他文明所发现、所挖掘、所认知，汉语言正在生长为世界语言，儒文化正在世界各地生根发芽。

借助这样一种正在成长着的文化自信、自觉、开放、亲和之力，用我们这个时代的学术眼光全面系统梳理中华五千年的文明与文化，向其他各大文明与文化圈正面展示自我，让中华优秀文化成为世界文化的重要组成部分，正是我们出版这套文库的目的之一。此其一。

知己才能知彼。身处五千年文化浸润的今天，重新思考我们先人的人生思考、价值思考与哲学思考，找到一个民族、一个国家的价值所在、立命所在、安身所在，这已经是我们这个时代的学人与出版人不得不再思考的问题。作为中华文明的一分子，我们在思考的同时，还必须了解我们的先人创造了如何优秀的精神文明与物质文明以及社会文明。只有熟知自己的文化，热爱自己的文化，悟明自己的文化，我们才能宣说自己、弘扬自己、光大自己。因此，我们策划组织这套《华夏文库》的初衷，还在于让当下的知识青年全面系统瞭望中华文明与文化的全景，并借此能够对更为深广的世界各民族文化提供一个比较认知的基础。此其二。

顺势才能有为。我们正处在农耕文明、工业文明、信息文明的交汇处，信息文明带领我们从读纸时代进入读屏时代，以智能手机屏幕为代表的书籍呈现方式正在与纸质书籍争夺阅读时间与空间。我们正在领悟数字技术，正在以信息文明的视角，去整理、分析和研究农耕文明与工业文明的文化遗产，不仅仅是为了唤醒优秀的传统文化，我们还在生发和原创着当今时代的文化。由此，我们试图架起一座桥梁——由纸质呈现而数字呈现，由数字呈现而纸质呈现，以多媒介的书籍呈现方式，将文字、图像、声音与视频四者结合，共同筑成《华夏文库》以奉献给信息文明时代的新读者。此其三。

总之，这是一套——专家大家名家写小书；以最小的阅读单元，原创撰写中华精神文化、物质文化与社会文明系列主题与专题；以图文、音视频多媒介呈现的方式，全面介绍与传播中华文明与优秀文化，系统普及与推介中华文明与文化知识；主旨是为了让世界与中国共同了解中国的——大型丛书，借此，复兴文化，唤起精神，融入世界。

耿相新

2013 年 6 月 27 日

目录

小知识目录

引言

融入中国文化的佛教弘传

经历过南北朝风烟的中华古国，进入了隋唐五代时期。这个时期，中国社会发展迅速，文化格外繁荣，对外交往频繁，是中国历史上最鼎盛的时代，也是融入中国文化的佛教得到大力弘传的时代。

魏齐隋唐造像记刻石

记载了魏、齐、隋、唐四代佛教的兴盛情况，现陈列于山东泰安岱庙

581年，隋建国。589年，隋文帝杨坚结束了魏晋南北朝时期王朝更替频繁、社会动荡不安的局面，完成统一，经过唐朝、五代十国，到960年，宋太祖赵匡胤建立宋朝之前，这段被称作“隋唐五代”的将近400年的中国历史，精彩纷呈、高潮迭起，出现了许多的重大事件与人物，在政治、经济、文化等各个领域都打造了属于这一时期的辉煌。

隋唐五代时期佛教的巨大发展就是在这样的社会背景下展开的，佛教经过与中国文化的碰撞与融合，终于在中国历史和文化中获得了认同，并且也为中国文化的发展贡献着力量，散发出独特的光彩。

这段时期是中国历史上相对比较稳定的时期，虽然也有隋末的农民起义和唐末的藩镇之乱，以及五代时政权的动荡与变更，对社会造成不小的影响，但总体上说，中国整个社会呈现出统一和稳定发展的趋势，社会经济包括人口、农业、手工业在内的各个方面都得到很大发展，“贞观之治”与“开元盛世”更是中华历史上国力空前强盛的时期。

那时的长安规模巨大，建筑宏伟，并且商业极度繁荣，居住着来自全国各民族和亚洲各国的人民，已成为一座国际性大都市。以长安为中心，不仅有中国僧人去印度取经，而且中国佛教的传播和影响也

送子天王图（局部）

唐代吴道子绘。纸本长卷。墨笔白描。描绘了释迦牟尼降生为净饭王之子的故事，故又名《释迦降生像》。日本大阪市立美术馆藏

远达海外。

这一时期，书画、建筑得到很大发展，其中绘画和雕塑艺术的最大发展就表现在佛教艺术上，尤其是敦煌与西域的艺术当中。佛教和佛教艺术从印度、阿富汗等地传入中国，印度的佛教艺术早已吸收了西方艺术的营养，因此其壁画中的人物，特别是菩萨，比例适度、姿态优美，弥补了汉晋绘画之不足，促成了我国绘画新的民族风格的成长。

隋唐五代时期民族关系复杂，逐渐强大起来的契丹等少数民族建立了政权，汉地和少数民族的融合与交流变得十分频繁，包括佛教在内的中原文化也影响到了少数民族地区。

隋唐五代时期，中国对外交往频繁，中国文化不断向外传播，与周边许多国家建立了友好关系，扩大了国际影响。当然其中也不乏战

18 世纪的中国帛画

唐朝时抵达中国港口的日本遣唐使之船

争与冲突，但民间的文化交流却一直在进行当中。这个时期的对外交往主要是在唐代进行的，唐朝对日本和朝鲜半岛文化的影响非常巨大，其都曾经派遣多批遣唐使到中国来学习。尤其是日本，参照汉字草书和楷书的偏旁，创造了日本文字，日本人的饮食、服装和日常生活，至今保留着唐朝的某些风尚。而中国著名僧人鉴真六次东渡日本，对于佛教思想和唐代文化的传播也起到了重要作用。

唐太宗时，印度多次遣使来我国通好，唐太宗也派人出使印度，印度的医学、天文历法、音乐舞蹈、绘画和建筑艺术等传入中国。中国的造纸术和文化典籍传入印度。唐代高僧玄奘、义净等人去印度研究佛法，对于中国佛教的发展起到了巨大的作用。

隋唐五代时期政治、经济、文化上的发展都是中国佛教发展的重要土壤。政治上的稳定，大多数帝王对于佛教的支持政策，使得佛教地位上升，获得了上至王公贵族下至平民百姓各个社会阶层的认可；由于经济的发展，寺院的建设和塑像的建造才能有经济上的保证；文化的繁荣，带来了佛教艺术的极大发展；对外交往和交流的频繁，对外交通的发达，使得西行取经与对外弘法成为可能，高僧们将佛教经典从印度带到中国，并且翻译成中国文字，促进了中国化的佛教宗派的建立和传承。而中原地区的佛教发展也影响到了周边少数民族地区和与中国相邻近的国家。

基于这些，这一时代的佛教经历了隋唐时期八宗并弘、五代时期缓慢发展、佛教与儒道融合和三教共同发展的局面，这也是中国佛教史上最重要的阶段。

一 且看佛光圣吉祥

——重大历史事件

佛教于隋唐五代时期在中华大地上得到了发扬光大，许多重大的事件，虽然发生在千年之前，却依旧清晰而震撼。佛指舍利的祥光、文成公主的车辇、西天取经的传奇，穿过唐时明月，迤逦而来。

1. 不忘“我兴由佛”

——隋文帝诏令复兴佛教

隋朝是中国历史上非常短暂的朝代，用《三字经》里对隋朝的叙述来说就是“迨至隋，一土宇；不再传，失统绪”。但就是这短短的38年，经历了隋文帝和隋炀帝两代帝王统治的隋朝，对待佛教的政策却始终如一，使得经历过战乱之后的佛教在中国得到了恢复和长足的发展。

圣人皇帝的佛缘

虽然隋朝的时代不长，但作为前承两晋南北朝、后启盛唐的重要王朝的开国皇帝，隋文帝杨坚在位期间的许多施政方案和改革对后世产生了深远的影响，如三省六部制的建立、开皇律的颁布、大运河的修建、科举制度的创立等。

杨坚并不是中国民众心目中十分有名的帝王，他不太受到文人们的重视，描写他的诗词和传记少得可怜，然而他却是西方人眼中最伟大的中国皇帝之一，被尊为“圣人可汗”。

就是这样一位雄才大略的君主，他素有佛缘，并且是在寺院里出生与长大的。根据大唐名相魏征主编的《隋书》之《高祖帝纪》记载：杨坚生于冯翊般若寺，他出生的时候天呈瑞相，紫气充庭，神光满室，有一位来自河东的女尼，对他的母亲说，这个孩子来历非同一般，在凡夫世间难以长大。这些所谓的异相不知道是真是假，但是，很多史家都认可杨坚确实曾被交给女尼养育，在寺院中长到 13 岁，所以，相对于其他帝王来说，杨坚对于佛教的感情和理解都深刻许多。

由于这段往事，杨坚做了皇帝之后，不忘“我兴由佛”，着意复兴佛教。

为报佛恩，文帝下诏

开皇元年（581），隋文帝杨坚即位之初，就下诏在全国范围内

山西太原晋祠内的舍利生生塔

位于奉圣寺北的浮屠院中，创建于隋文帝开皇年间，宋代重修，清乾隆十六年（1751）重建

恢复佛教。由于南北朝的战乱和北周武帝废佛的影响，佛教虽然有广泛的社会影响，但毕竟已经式微，来自皇权的支持对于佛教的恢复，起了非常大的作用。

隋文帝的诏书包括对于佛、法、僧三宝的全面复兴，营造佛教的塑像，对于出家不再加以任何限制，并且京师及并州、相州、洛州等各个大的州郡都由官府书写所有佛经，安置在寺内，并且藏于经阁之中。

由于国家政策导向的影响，全国的人都闻风而动，互相攀比抄写和进献经书，一时之间佛经的数量，竟然比儒家六经的数量多出百十倍也不止。

仁寿年间，隋文帝又先后三次下诏，在全国 114 州总共修建了 114 座舍利塔，又命各州于名山之下，各置僧寺一所，并赐庄田。

隋文帝不仅支持佛经的刻写，允许民众自由出家，设立佛塔，而且广交僧侣，与当时的很多僧人如灵藏、智炫等都往来甚密，并且给予僧人非常高的地位，有的僧人还可以随驾巡幸。洛阳高僧慧远，魏郡高僧慧藏，清河高僧僧休，济阴高僧宝镇，汲郡高僧洪遵、昙迁及其弟子，均被隋文帝请到长安。隋文帝在大兴殿接见六大高僧，命人将他们安置在大兴善寺。由于隋文帝允许慕名而来的远方和尚前来拜谒，所以很多僧人不远万里前来拜师，一时盛况空前。

隋文帝还广做佛事，大行布施。在他的表率和带动下，佛教的社会影响也逐渐加深。

文帝年间，佛教大兴

隋文帝不止一次说过“弟子往借三宝因缘，今膺千年昌运”，表示他对佛家的恩情不曾忘怀。隋文帝在京城兴建了大兴善寺，“大兴”是隋文帝新建的都城之名，“善”字则是该寺所在的街道名称。该寺院具有“国寺”性质，作为国家管理全国僧尼的中心。寺内有一个行政单位名昭玄寺，其中有由寺官主持的官僚等级系统，昭玄寺在各州设有分寺。隋朝还加强了各级地方僧官的区划和配备，州有僧正与沙门都，郡县佛寺有监丞，文帝开皇元年（581）对各级僧官均有委任，可以说隋朝建立了比较完善的宗教管理制度。

隋朝时期各地文化交流频繁，以往南北各有侧重的佛教信仰与学风得以相互补充、融合。佛教内部出现理论与修行并重的要求，中国本土化的宗派创立，比如天台宗、三论宗等。隋唐时代佛教的最大特点就是“八宗并弘”，可以说这也是从隋文帝时代开始的。这些本土的宗派将印度佛教思想与中国本土文化做了融合与发挥，使得佛教在中国不仅获得宗教意义上的发展，也获得文化与哲学思想上的极大提升。

据记载，隋文帝在位的20多年时间里，全国出家僧尼达到23万人，建立佛教寺院3792所，书写佛经46藏，共13286卷，治故经3853部，造像106560躯。而当时全国不过890万户，这些无疑是让人惊叹的数字，而1000多年前科技还不发达，仅凭人力达到的这些数字，足以反映出当时社会对佛教推崇的程度。

三教并举政策

三教图

佛、道、儒三教的创始人释迦牟尼、老子、孔子三人在辩经论道

虽然隋文帝对于佛教怀有一定的私人感情，并且自称“佛弟子”，“每日登殿，坐列七僧，转读众经及开理义”，从政治上给予佛教前所未有的支持，而佛教对于他的统治也起到了一定的稳定作用，但作为一个传统的帝王，为了巩固政权，隋文帝对于儒家和道家也采取了支持和发展的政策。他宣扬“法无内外，万善同归；教有浅深，殊途共致”，希望能够三教并举，无有偏废，共同为他的统治所用。

隋文帝对于道家的支持虽然比不上佛教，但是力度也不小，隋文帝甚至把他的第一个年号取名为开皇，这是道教模仿佛教而确立的世界演化过程的几个时期之一的名称，从这点上就可以看出隋文帝对道教的态度。隋文帝还在长安建立了道教的玄都观，地点就在大兴善寺的对面。

同时，隋文帝也没有怠慢儒家，他谨遵儒教的仪式和教诲，并且以儒家经典作为科举考试的科目，创立了我国古代比较完备的科举制度。

当时最流行的学说就是李士谦的三教鼎立说和王通的三教合一说。李士谦认为，三教的关系犹如三光在天，缺一不可。王通认为，三教都有助于帝王的统治。这些主张，后来为唐所采用，成为唐朝皇帝处理三教关系的主流思想。可以说，三教并举政策获得理论上的支持与帝王的明确倡导也是从隋朝真正开始的。

从政府的宗教政策上来说，隋朝无疑是一个开放的、融合的、包容的时代。

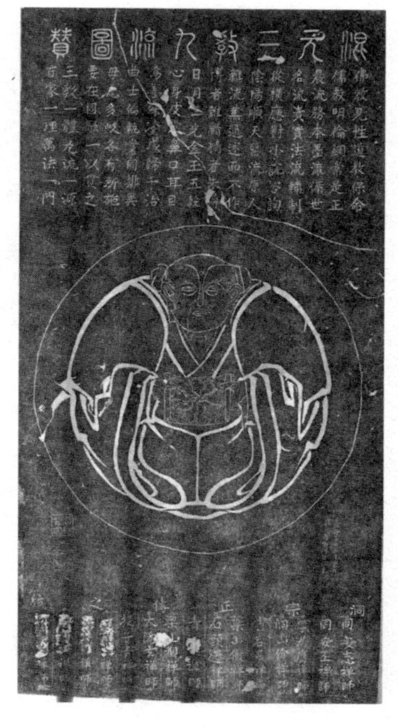

混元三教九流图赞

位于河南嵩山少林寺

小知识◎隋朝第一任昭玄统——高僧昙延

高僧昙延对于隋文帝于即位之初便迅速而有效地实施佛教教化，起了重大的推动作用。昙延在北齐、北周时就很著名，北齐文宣帝（高洋）曾拜昙延为昭玄上统，统领北齐僧尼事务，全面参与朝中政务。宇文泰在西魏末年摄政时期也亲听昙延宣法。

隋朝建立后，佛法大兴，隋文帝尊昙延为“师”、为“父”，

“用敦弟子之仪”。昙延以“帝师”的身份提出了一系列迅速复兴佛教的措施，使得隋文帝在确立了佛教教化总部以及地方弘法中心之后，便迅速建立相应的僧官制度与之相配合，官职配备完善。隋初设昭玄统为全国最高僧官，主持全国的佛教教化事业，昙延被敕任为隋朝第一任昭玄统，隋朝几位著名的昭玄统除昙延外，均于在任时就住于国寺——大兴善寺。

◎隋炀帝与智颤大师

隋炀帝杨广是历史上有名的暴君，但他对佛教也采取积极扶持的政策。杨广当皇帝之前，做晋王的时候任扬州总管，曾经于591年请天台宗的高僧智颤大师到扬州。智颤授杨广“总持菩萨”法号，杨广则赐智颤“智者”称号。

智颤大师与杨广的往来对佛教教法的弘扬起到了不小的作用。智颤大师在获赐“智者”四年之后，因杨广之请，再到扬州，答应为杨广撰写《净名经疏》，并请杨广做荆州玉泉、十住两寺的施主。又过了两年，即597年十月，杨广派人入天台山再次迎请智颤大师。虽然身已染病，大师仍勉强出山，在半路上即入寂，世寿60岁，僧腊40夏。杨广依照智颤大师的遗愿，在天台山创建佛刹，后于大业元年(605)题名为“国清寺”。

2. 法门寺传奇

——唐代帝王供奉佛骨

隋朝末年，爆发了农民起义，经过多年的战乱，618 年，李渊建立起新的统一的唐王朝。618 年到 907 年的唐朝是中国国力强盛的时期，出现了“贞观之治”和“开元盛世”。社会的稳定和经济的进步，使得佛教得到了发展的土壤，佛教进一步普及，佛教文化的发展逐渐达到了鼎盛，也发生了许多与佛教有关的重大事件，其中所涉时间最长、最具影响力的就是“唐朝帝王六迎佛骨”。

唐代 200 多年间，先后有高宗、武后、中宗、肃宗、德宗、宪宗、懿宗和僖宗八位皇帝六迎二送供养佛骨。每次迎送声势浩大，朝野轰动，皇帝顶礼膜拜，等级之高，绝无仅有。这中间也夹杂着佛教与道教、儒家之间的争论，甚至佛教也曾遭遇到禁止与限制，可以说，唐朝君主对于佛骨的态度，正表现出唐代的宗教政策与政治需要的变化。

唐代佛、道、儒之争

唐代君主对于儒、释、道的态度，集中表现在对于三教主次关系的安排上。总的来说，对三教是采取以儒为主体、调和并用的政策，但不同时期的君主的侧亘点也会有所不同。

唐初最明显的就是佛、道之争。唐高祖在位的第四年，即 621 年，就有大臣傅奕上表指责佛教“剥削民财，割截国贮”，请求罢废。经过佛教界代表人物法琳多方申辩，高祖李渊对上表暂时搁置。

后来，清虚观道士李仲卿著《十异九迷论》、刘进喜著《显正论》，再次引发佛、道之争辩，佛教高僧法琳著《辩正论》，以“十喻九箴”回敬道教徒，佛、道之争激烈化。五年后，即武德九年 (626) 三月，唐高祖下诏沙汰寺僧，只京师留三寺千僧，其余寺宇并赐王公，僧徒放还故乡。但到六月三日，高祖退位，太宗大赦天下，佛教又恢复旧观。

唐朝李氏为了抬高自己的出身门第，在唐朝建立之初，宣扬道教的教主老子李耳是自己的祖先，奉老子为“太上玄元皇帝”，命家家要备老子的《道德经》，因此，唐初在政治上对于道教格外尊崇。高祖还下诏对三教的关系加以说明：“老教、孔教，此土之基；释教后兴，宜崇客礼。今可老先，次孔，末后释宗。”唐太宗刚刚即位的时候也曾经以道教为首尊，但是，他晚年转向信仰佛教，唐初的先道后佛政策也随之逐步开始变化。

到了高宗时代，道教的地位依然很高，高宗敬重佛教，但他更重道教。麟德元年（664），玄奘病殁之前，请求高宗在公开场合改“道先佛后”的次序为“佛先道后”，高宗坚决不肯答应。可见当时佛、道之争的激烈。

唐朝各位帝王不论政策的侧重如何变化，但以“儒学为本”的方针始终不变。而作为外来文化的佛教，到唐代帝王恭迎佛骨的盛况出现之后，地位也开始变得空前重要。因此，从唐太宗起儒、道、佛三教鼎立之势由此形成。“三教谈论”的方式，几乎为唐代诸帝普遍采纳。

唐太宗诏启佛骨

唐朝很多皇帝都与佛教有缘分，唐太宗李世民作为唐朝最具雄才大略的君主，他与佛教的关系也很深厚。

根据《全唐文》记载，李世民小的时候，他的父亲李渊在今天的陕西任岐州刺史。李世民 4 岁时生了一场病，李渊曾到今陕西户县草堂寺为子求佛。该寺曾是鸠摩罗什译经的道场，李渊许愿后，得“蒙佛恩力”，李世民的病得以好转。李渊为此特意到寺院还愿，并且造了一座石佛像送给该寺。

电影《少林寺》中也有关于少林寺十三棍僧救李世民的情节，虽然真实的历史事实是由于当时和唐军作战的王世充“窥觎法境”、“将图梵宫”，霸占了少林寺的庙产，少林寺僧人为求自保，而出手帮助唐军对抗王世充。但少林寺僧人助唐军确实不假，这也成为千古佳话，扩大了少林寺的名声。

唐代砖塔

位于河南嵩山少林寺塔林

而李世民与法门寺更是渊源甚深。617 年，时为秦王的李世民与薛举在法门寺附近的扶风镇作战，凯旋之时亲自为法门寺度僧 80 名，僧人惠业也“特蒙敕准”为法门寺唐代第一任住持。

法门寺在历史上就因寺内塔下地宫有佛指舍利之说而闻名。李世民即位之后，岐州刺史张亮奏请开启法门寺塔，供养真身舍利，太宗下诏许之，自此开始了唐代诸帝礼敬佛骨之先河。由此我们可以看出，法门寺的佛骨迎奉其实始自唐太宗时期。不过这次开示佛骨，只是在法门寺“通现道俗”，香花供奉，而没有迎奉至京师宫中瞻礼、供养。

其后，由于法门寺的塔基一片荒凉，张亮又上书朝廷，奏请将建望云宫殿的木材调来，用以修葺塔寺，得到了唐太宗的许可。这是法门寺历史上第一次大规模的修建，用为皇帝建造望云宫殿的木材修建法门寺塔，可见朝廷对法门寺的重视，这也为以后唐代其他诸帝迎奉法门寺佛骨开创了先例。

真身宝塔

位于陕西宝鸡扶风法门寺

三十年一迎佛骨

太宗之后，高宗对佛法也极为恭敬。唐朝帝王从法门寺迎奉佛骨至宫中供养，就是从唐高宗李治开始的。

659年，僧人智踪等进宫觐见高宗的时候，引传说“三十年一开示”，说佛骨应30年一迎请，可以息灾、祛病、免兵乱，并计算自贞观初年开启至今，时间已届30年满。因此，请求迎出佛骨，高宗准奏，并予“钱五千贯、绢五千匹”以充供养，又以绢三千匹，令造与自己等身的阿育王佛像，余钱修塔。

次年三月，高宗下敕取佛骨往东都入皇宫内供养，并将佛骨出示道俗。这次迎奉，一直到662年才将佛骨送还法门寺塔下地宫，前后共历时3年，供养极其盛大。

而武则天对于佛教也极其推崇，高宗迎奉佛骨时，作为皇后的武

迎佛骨图

法门寺迎佛骨图

金棺银椁

陕西西安法门寺出土

则天就“舍所寝衣帐直绢一千匹”，为佛骨造金棺银椁。

704年的迎奉法门寺佛骨，是武则天一生中规模最大的事佛活动之一。除夕之日佛骨被迎至西京崇福寺，次年正月，佛骨被迎入洛阳，武则天下敕令王公以下，在洛阳城内组成庞大的迎奉队伍。在武则天虔诚迎奉佛祖真身佛骨的第二年，佛骨供养于洛阳明堂尚未奉还之时，武则天崩。

在扬道抑佛的玄宗之后，肃宗登基于“安史之乱”后烽烟未息之际，他也转而信仰佛教。唐代宗大历十三年（778）《宝塔铭并序》记载：上元初五月十日，肃宗下诏于法门寺开启塔下地宫，迎请佛骨入皇宫内道场供养，肃宗亲自虔诚礼拜。佛骨在宫内供奉60余天后，被送回法门寺。这次迎奉佛骨，由于时逢战乱，大唐国力已非昔日可比，朝廷用度日渐紧张，迎奉的规模比高宗、武则天时期都小，这是第三次迎奉佛骨。

唐代第四次迎奉佛骨在唐德宗贞元六年（790），德宗皈依佛教并迎奉佛骨于长安，之后又将其送到长安各大寺院供养。京城内外，举家出动瞻礼者比比皆是，所施财物数以万计。

唐代第五次迎奉佛骨在唐宪宗元和十四年（819），宪宗亲自启塔，并“亲奉佛灯”，韩愈的谏迎之举就发生在这一次迎奉的过程当中。

唐代第六次迎奉佛骨在唐懿宗咸通十四年（873），经历了会昌法难之后的佛教重兴，这是一次声势浩大、供品最多、耗资空前的迎奉，佛骨被迎至京城，以御林军作为仪仗队，绵亘数十里，远非一般法事，而是国家大典。

这年的秋天，懿宗皇帝驾崩，874年，唐僖宗李儇送还佛骨。唐朝的最后一次佛骨迎奉活动也就此结束，法门寺从此进入了千年的沉寂。

唐代彩绘菩萨舍利塔

此塔藏于陕西扶风法门寺

小知识◎唐初护法第一人——法琳法师

法琳(572～640)，生于陈宣帝年间，年少出家，游历各地，遍学内外典籍。仁寿元年(601)，他来到隋京大兴(即长安)。他为了解道教的真实情况，曾经着黄巾道服与道家交往，唐朝建立后，他又还归佛教，住济法寺。621年，太史令傅奕(原是返俗的道士)上废佛法奏事十一条。唐高祖李渊征询沙门的意见，法琳这时据理回答，李渊无词以对，傅奕之议因而不行。法琳为使傅奕心服，自撰《破邪论》，约8000字，引据孔子、老子推敬佛教等中国的古代传说，用傅奕等本身所信的学说以驳斥其谬见，此论出后，风行一时，法琳名声大起。

贞观十三年(639)九月，有道士谮毁法琳，说他所著的《辩正论》，讪谤皇帝的祖宗即老子李耳，有罔上之罪。太宗大怒，下诏沙汰僧尼，并逮捕法琳，法琳因此下狱。法琳在狱中，依然气宇轩昂，坚持信仰，太宗亲自审问法琳，法琳对答从容，太宗谕令免刑，又召法琳细问佛道优劣，法琳对答如流，太宗于是赦免他的罪，但依然下令将其迁徙到益州为僧。第二年，在流徙途中，法琳患病而终，享年69岁。可以说，法琳法师的一生是为自己的信仰坚持与努力的一生。在唐初君主对于佛教的摇摆态度中，法琳法师为佛教争取生存空间和帝王的支持做出了巨大的贡献，可谓唐代护法第一人。

◎法门寺地宫与佛指舍利

法门寺位于陕西省扶风县城北10公里处的法门镇，始建于东汉末年桓帝、灵帝时，距今有近2000年的历史，有“关中塔庙始祖”之称。法门寺原名阿育王寺，因佛骨而置塔，因塔而建寺。释迦牟尼佛灭度后，遗体火化结成佛骨。据记载，公元前3世纪，阿育王统一印度后，为弘扬佛法，将佛骨分成84000份，分送世界各国建塔供奉。中国有19处，法门寺为第五处，供奉佛指舍利。

唐代时，唐高祖李渊将之改名为“法门寺”，法门寺一度成为皇家寺院。唐贞观年间曾三次开塔就地瞻礼佛骨。经过唐代帝王六次迎奉之后，874年，唐僖宗李儇送还佛骨时，按照佛教仪轨，将佛指舍利及数千件稀世珍宝一同封入塔下地宫，用唐密曼荼罗结坛供养。从此，法门寺的佛骨和宝藏就在世人的眼前隐匿起来。

宋代，法门寺承袭了唐代皇家寺院之宏阔气势，恢复到最大规模。金元之际，法门寺仍是关中名刹。明清以后，法门寺逐渐衰落。1569 年，历经数百年历史的唐代四级木塔崩塌。万历年间，地方士绅捐资修塔，历时 30 年建成八棱十三级砖塔，高 47 米，极为壮观。清代因地震塔体倾斜裂缝，民国年间再次修缮。其间，关于法门寺佛骨和地下宫殿的传闻不断，但是都无人能一窥究竟。而抗战爆发后，战乱之中，爱国人士为了保护国宝，更对法门寺的秘密隐而不宣。

人物雕塑

法门寺地宫石门上的人物雕塑

“文革”期间，红卫兵欲挖地开塔，法门寺住持良卿法师点火自焚，用自己的生命保护了塔下珍宝。直到 20 世纪 80 年代，佛骨一直沉寂在地下，等待历史时刻的到来。

1981 年，宝塔被雷电击中，崩塌一半。1986 年，政府决定重新修缮宝塔。1987 年 4 月，地宫的入口被打开，考古人员对法门寺地宫进行了发掘。地宫由踏步漫道、平台、隧道、前室、中室、后室及后室密龛七部分组成，形状略呈“甲”

字形。密龛位于后室正中北壁之下，呈正方形。

在一个差点与考古人员失之交臂的密龛里，包裹着一个锈迹斑斑的铁函。打开铁函，里面层层相套，最里面盛着一个洁白的小玉棺，一枚佛指舍利静静地躺在玉棺里。这枚骨质的舍利正是佛祖释迦牟尼真身指骨。这一天恰是农历四月初八，释迦牟尼佛圣诞日。

封闭了1000多年的2000多件文化宝藏得以面世，其中包括：佛教世界千百年来梦寐以求的佛祖释迦牟尼真身指骨舍利，这是目前世界仅存的佛指舍利；唐皇室供奉的121件（组）工艺卓绝的金银器；首次发现的失传千年的唐皇室秘色瓷；来自古罗马等地的晶莹剔透的琉璃器群；上千件荟萃唐代丝织工艺的丝（金）织物等。法门寺地宫的发掘，是20世纪我国佛教考古和唐代考古具有世界意义的重大发现。

3. 愿解如来真实义

——唐朝设立译经场

佛教传入中国之后，佛经翻译成汉语的数量和质量，成为影响佛教在中国的传播速度和影响范围的关键因素。唐朝作为佛教发展的鼎盛时期，大多数帝王对于佛教持支持态度，因此唐代的译经有了极大的发展，尤其是国家沿袭了前代的做法，设立了专门的译经场，对于佛经的翻译起到了巨大的推动作用。

唐之前的译经状况

唐代之前，最著名的佛经翻译大师是高僧鸠摩罗什。后秦弘始三年（401），后秦王姚兴派人将鸠摩罗什迎至长安并以国师之礼款待。鸠摩罗什设立译场逍遥园，从事佛经的翻译，率弟子僧肇等800余人，译出《法华经》、《维摩诘经》、《阿弥陀经》、《金刚经》和《中论》、《百论》、《十二门论》等佛经与论疏。

鸠摩罗什的译文非常简洁晓畅，妙义自然诠显无碍，深受众人的喜爱而广为流传，对于佛教的发展有很大贡献。鸠摩罗什和他的弟子共译出佛经 74 部 384 卷，对我国佛教文化做出了不可磨灭的贡献。天台宗、三论宗等派别的创立，均受其所译经论影响。

隋朝时，佛经的翻译完全掌握在国家手里，民间极难进行。隋代译经有两个鲜明的特点，其一是重译多，其二就是较偏重密教经典的翻译。隋代译经，主要译师有北印度乌苌国的那连提黎耶舍（517 ~ 589）。他原在北齐译经，曾因齐亡佛教被毁，而改着俗装。隋朝时，应文帝之请，住长安大兴善寺，从开皇二年到五年（582 ~ 585），译出《大庄严法门经》等 15 部 80 余卷。

隋代著名译师阇那崛多（527 ~ 604），他原在北周译经，周武帝毁灭佛教时，他被迫离开，开皇四年（584），隋文帝遣使延请他东来，住在大兴善寺，从事传译，在近 20 年的时间内共译经 39 部 192 卷，

大雁塔

大雁塔，又名大慈恩寺塔，位于陕西西安南郊的大慈恩寺内，始建于唐高宗永徽三年（652）。玄奘法师为供奉从印度带回的佛像、舍利和梵文经典，在慈恩寺的西塔院建起一座五层砖塔。武则天长安年间重建。后来经过多次修整。整个建筑气魄宏大，造型简洁稳重，比例协调适度，格调庄严古朴，是保存比较完好的楼阁式塔

其中重译 20 部，占全部译经的一半以上。

唐代设立佛经译场

很多人对玄奘的认识大都停留在《西游记》上，其实玄奘不仅取得了真经，而且在取经归来之后，对于佛经的翻译也做出了重大的贡献。贞观十九年（645），玄奘取经归来，太宗在洛阳宫仪鸾殿设宴接见。此后，玄奘成为太宗的知己，恩遇优渥，他的译经和讲经事业直接得到太宗的支持，并集中全国沙门中的优秀分子翻译佛经。

唐高宗做太子时于贞观二十二年（648）在长安为亡母长孙皇太后建了大慈恩寺，并给以玄奘为首的译经事业以极大方便。玄奘译经极为努力，自律严格，日日未曾懈怠，共译出佛经 75 部 1335 卷。

玄奘是唐代第一大译家，其所译经书占隋唐全部译经卷数的1/2。除《大毗婆沙论》外，还有《大般若经》中的《大品》、《小品》、《文殊》、《金刚》、《实相》诸经，卷数极多，都是旷世之巨著。而诸多唯识学论著如《成唯识论》等的翻译，使唯识学在中国的发展

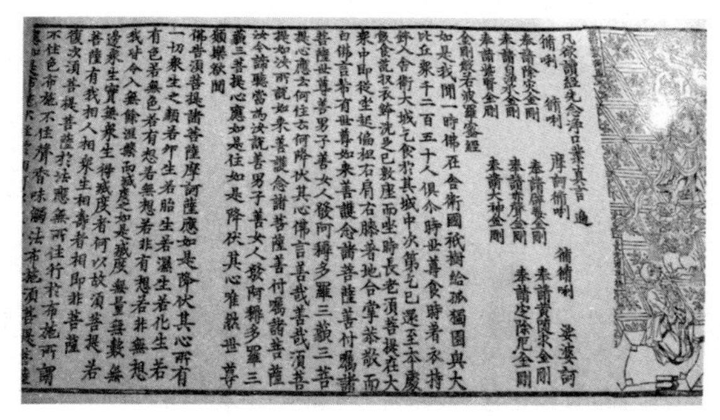

江苏扬州雕版《金刚经》
印于唐代咸通九年（868）

成为系统，他也被认为是唯识学的建立者。

唐代除了玄奘之外，义净也是著名的翻译师。义净于 671 年出发，先后周游 30 余国，历时 25 年，于 695 年回国，共带回经书约 400 部。回国后，义净先后在东都洛阳延福坊大福先寺、西京长安延康坊西明寺等寺院翻译佛经，译出佛经 230 卷，是武则天时期翻译佛经最多的高僧。

唐代的八宗并弘

隋唐佛教在典籍上的重大发展除佛经的翻译之外，就是广做经论。这些经论，实际上代表了隋唐佛教理论的发展方向，由此展开佛教理论，以及特别强调向自己内心探求成佛之路的宗教实践，几乎为所有有社会影响的宗派所接受。而佛典章疏之风，隋唐达到高潮，现在还留存下来的隋唐佛典章疏有 160 余部 1400 余卷，实际数量要大大超过同期的新译佛典。

隋唐诸大宗派，除禅宗外，没有一个不是通过写作章疏的方式来组织和发挥本派学说的。与此相应，僧侣个人署名撰写的佛教论著也增多起来，粗略估计，有 90 余种 260 余卷。

中国诸宗的祖师几乎都出自隋唐两代，他们的章疏论著言行，逐渐被当成正式的佛教经典流传开来，更直接地影响着中国佛教此后的发展，影响着诸如朝鲜半岛、日本和越南等的佛教。以隋唐宗派佛教为基调的汉传佛教，在亚洲东部开拓了新的领域，与其流向的民族和国家的社会历史条件相结合，形成前所未有的新宗教和新文化。

继南北朝佛教多种师说，特别是融会儒家的伦理道德观念和道教的神仙长生思想，隋唐佛教形成了独具特点的诸大宗派，被称为八宗并弘。

八宗依其成立先后，分别是：隋朝的法华宗与三论宗，盛唐太宗时玄奘大师的唯识宗、善导大师的净土宗，唐高宗时道宣律师的律宗，武则天时法藏贤首大师的华严宗，还有出现较早但真正发展弘扬始于唐代的禅宗，以及成宗立派较迟，在唐玄宗时期，由开元三大士开创的密宗。

这八宗基本都是在隋唐时期所创立的，可以说唐代八宗并弘的形成与佛经翻译事业的发展也有重大关系。这八宗各自发展徒众，判教立宗，著书弘教，创造新的理论体系，唐朝的佛教进入了鼎盛时期。

小知识◎八宗之著名僧人与所依经藏

法华宗由智者大师主要依据《法华经》而开创，因为他居住在天台山国清寺，故而又名天台宗。法华宗虽为智者大师所创，但一般皆溯源于龙树菩萨造《中论》、《大智度论》。北齐慧文大师悟“一心三观”之旨，后传南岳慧思大师，并悟“法华三昧”而得六根清净。智者大师从慧思修习，得“法华三昧”之前方便，乃传其观法，且依《法华经》而广宣教义，进而创宗立派，故后世有尊龙树、慧文、慧思亦为法华宗之祖师者。

与天台宗同时建宗的是三论宗。三论宗以《中论》、《百论》、《十二门论》为主要立宗的根据。一般人都以龙树、提婆为宗主。佛教东传中国以后，因为鸠摩罗什翻译《中论》、《大智度论》等，而被尊为宗主。鸠摩罗什之后，僧肇、僧朗、僧诠、法朗、吉藏等大师，都是三论宗的弘传者，但一般认为吉藏大师为三论宗开宗的大师。

唯识宗是唐初成立的宗派。唯识宗是玄奘大师在弘扬和翻译唯识学的过程中和其弟子窥基所创立的。又因窥基常住慈恩寺，一世称慈恩大师，亦称慈恩宗。唯识宗在宋元明之后慢慢衰微，但在清末民初，全国佛教学院都采用唯识学为教材后得以有新的发展。

中国净土宗的弘扬，始于东晋慧远大师在庐山结社念佛，净土经典之传译，以支娄迦谶为始，三国时代支谦、西晋竺法护、后秦鸠摩罗什先后翻译出《观无量寿经》、《无量寿经》、《阿弥陀经》，合称“净土三经”，至此净土经典传译已臻完备。昙鸾是弘扬净土的先驱，至唐代善导承昙鸾教旨，奠定净土教义，为集净土思想之大成者。

律宗在中国真正开宗立派的是唐玄宗时的道宣大师，因其集中国律宗之大成，故在中国的佛教界，一直以道宣的律宗为所归。道宣曾经参加玄奘大师译经的道场，受到玄奘的影响，而以大乘教义讲说《四分律》。

之后是武则天时代真正建立的华严宗，华严宗实际上的创始人是法藏贤首大师，所以华严宗又称贤首宗。后人称法藏贤首为“华严和尚”，为华严宗三祖。华严宗以《华严经》为所依经论。《华严经》世称“经中之王”，分有《四十华严》（唐朝般若三藏译）、《六十华严》（东晋佛驮跋陀罗三藏译）、《八十华严》（唐朝实叉难陀三藏译）等。华严宗在初祖杜顺、二祖智俨、三祖贤首国师之后，经四祖澄观大师，到五祖宗密，华严宗经过五位杰出大师的弘扬，完成了它的思想体系，和天台宗同为中国佛教思想史上两大重要宗派。虽然在宋元明清时期，华严宗没有禅宗、净土宗普及，但直到清末民国时代，还弘扬不断。

菩提达摩于梁武帝年间自南天竺来到中国。二祖慧可立雪断臂，志求佛法，终得达摩所传心印，直到唐代，六祖惠能时代，禅宗成为宗派，而得到广泛的弘扬。记录六祖惠能说法内容的《坛经》是中国佛教中唯一被称为“经”的经典。

密宗，又称为真言宗。兴起于印度大乘佛教晚期的7世纪至13世纪间，直至印度佛教被“印回相争”而遭全面破坏灭亡。密教虽在印度消失，却在中国、日本、朝鲜半岛传播开来，成为中国佛教八大宗派之一。传至西藏，形成了以密教为骨干的藏教特色，乃至今日与禅宗、净土宗同为世界佛教的主流之一。

4. 虔诚礼佛

——女皇武则天与佛教

作为中国历史上唯一的一位女皇帝，武则天对于佛教的推崇比起隋文帝可以说是有过之而无不及。

佛缘深种，夙慕皈依

武则天画像

女皇武则天是虔诚的佛教徒

武则天名武曌，山西文水县人，其父出生于贫穷的农家，后来经商致富，又步入仕途，做过唐朝的都督。她的母亲杨氏是一位虔诚的佛教徒，武则天从小就受到佛教思想的熏陶，也和母亲一样皈依佛门，经常去佛寺。

贞观十一年（637），14岁的武则天被召入宫，在太宗身边服侍，经历了玄奘西归与诏启佛骨等重大事

龙门石窟奉先寺主尊卢舍那大佛坐像

此像通高 17.14 米，头高 4 米，耳长 1.9 米

件。太宗死后，武则天入感业寺为尼三年多，熟读了佛教经典，可以说她与佛教的缘分十分深厚，正如她自己所说“朕幼崇释教，夙慕归依”。从感业寺还俗，到成为唐高宗的皇后，武则天对于所有的佛教活动都热心参与并且大力支持。

660 年，唐高宗将法门寺佛骨迎奉至东都洛阳宫内供养，身为皇后的武则天“舍所寝衣帐直绢一千匹，为舍利造金棺银椁，数有九重”。在龙门石窟兴建卢舍那大佛的时候，武则天不惜捐出自己的脂粉钱两万贯，确保了佛像的圆满建成。卢舍那大佛面容丰满秀丽，嘴角微有笑意，传说就是根据武则天的模样而建造的。

佛经故事，推而广之

虽然实权在握，但作为一名女性，要想在一个男权世界里找到自己的位置，必须为自己披上光环或者神圣的外衣，而中国古代对于皇权又一向有“天命所归”的看法，信奉佛教的武则天从佛经中为自己称帝找到了合法的依据。

武则天称帝前后，白马寺法明和尚等 12 名僧人为配合武则天当皇帝的需要，撰写《大云经》上呈武则天。《大云经》中称武则天是弥勒佛降生，应代替李氏做皇帝。武则天看后大喜，亲笔作序，颁布于天下，令各州营造大云寺，以珍藏《大云经》。

圣历二年（699），武则天称帝 10 年后，她在为新译《华严经》撰写的序文中，又提到了《宝雨经》，这部经和此前的《大云经》都有身为女皇得转轮王位统治天下的记录。身为女皇的武则天格外推崇这两部经，很重要的原因应该就是这两部经里所叙述的内容对于证明她的统治的权威性是有所帮助的。

捐钱建寺，信受奉行

武则天当上皇帝之后，对于佛教更加推崇，天授二年（691）四月，她下诏公开表示：“释教宜在道教之上，僧尼处道士之前。”她大力倡导天下“举目尽浮屠，抬头见僧尼”，佛教俨然已经成为国教。

此后，武则天划拨专款，整修各地寺院，不少得道高僧，被奉为座上宾。武则天亲率百官礼拜神秀大师，封其为国师，并请法藏等多位高僧入宫问道，以“康藏国师”为号，待以师礼。著名的《华严金师子章》据说就是法藏法师在宫中为武则天说明华严义理时所做的比喻而成文的。武则天还鼓励寺院开设戏场，用百姓喜闻乐见的形式将佛经教义表现出来，她的努力使得佛教在民间得到了进一步的普及。

唐以前，曾经亲自参加译经活动的帝王只有后秦姚兴和南朝梁武帝，唐代亲自参与翻译佛经的皇帝首数武则天。武则天数次亲临法筵，参加译经活动，她还为义净所译新经作《圣教序》，令标经首。因此，武周时期的译场不仅规模大，而且规格高，各译场的人员配备一般都比较齐备，分工更加细密。

武则天时期的佛教是中国佛教鼎盛阶段最为重要的组成部分，内容与形式都得到充分发展，几乎达到了中国佛教的顶峰。一时名僧辈出，著名的有玄奘、道宣、善导、窥基、道世、智感、弘忍、法藏等。

武则天对于佛教的理解，或许正可以用下面的偈来表达：“无上甚深微妙法，百千万劫难遭遇。我今见闻得受持，愿解如来真实义。”

这首四句偈我们都很熟悉，但却很少有人知道，这首著名的偈正是一代女皇武则天所作。

小知识◎奉先寺卢舍那大佛

龙门石窟中，奉先寺卢舍那大佛是最具代表性的作品。奉先寺位于西山南部半山腰间，后代称九间房。奉先寺在开窟造像时，一反常规，不采取全部开凿洞窟的方式，而是依山就势在露天的崖壁上雕造佛像，为一巨型露天窟龛。整个像龛东西进深 38.7 米，南北宽 33.5 米，由西京实际寺善导禅师等人主持修建。

奉先寺造像布局为一佛、二弟子、二菩萨、二天王、二力士等九尊大像。主像卢舍那大佛作于唐高宗咸亨三年（672），通高 17.14 米，头高 4 米，耳长 1.9 米，是龙门石窟中艺术水平最高、整体设计最严密、规模最大的一尊佛像。

梵语“卢舍那”即光明普照、光辉普遍之意。这尊佛像神态安详，刻画生动自然。大佛端坐于八角束腰莲花座上，身披袈裟，衣纹简洁清晰而流畅，背光华美而富于装饰性，烘托出主像的严整圆润。大佛依山而坐，居高临下，使前来瞻仰的人们需登到半山腰才可见到大佛，堪称中国佛像艺术的精品。

5. 吐蕃佛教之兴

——文成公主入藏与藏传佛教

唐朝时，多民族融合，与边远少数民族的交往也日益增多。西藏地区佛教的出现与发展，一方面与来自印度和尼泊尔的僧人进入有关，另一方面与文成公主嫁入西藏带去的文化知识加强了佛教文化对西藏地区的影响有关。

文成公主嫁入吐蕃

吐蕃，中国古代藏族政权名，7 ~ 9 世纪存在于青藏高原。松赞干布（617 ~ 650）于 629 年统一了青藏高原，建立了吐蕃王朝。吐蕃以逻些（今拉萨）为首都，逐步向外扩展。

吐蕃疆域的扩大，促进了其内部社会结构和文化结构的重大变化，也开始了与周边尼泊尔、印度和巴基斯坦、唐王朝等有佛教信仰的国家和地区的密切交往，佛教文化也对吐蕃产生了巨大的影响。松赞干布先与尼泊尔联姻，娶墀尊公主为后，传说公主携来不动金刚佛像（即

步辇图

唐阎立本绘。所画为唐太宗李世民接见吐蕃使臣禄东赞的场面

释迦牟尼 8 岁等身像）、弥勒菩萨像等佛像进入西藏，西藏佛教开始初传。

634 年，松赞干布派出第一批吐蕃使臣访问长安，唐朝使臣很快到吐蕃回访，成为汉藏两族友好关系的良好开端。松赞干布遣使献上贵重礼物向唐王室求婚，唐太宗未允。贞观十四年（640），他又命宰相禄东赞为使官，以黄金五千两及珍宝数百件作聘礼，他的诚意打动了李世民，唐太宗同意将宗室女文成公主嫁到吐蕃。

贞观十五年（641），唐太宗命江夏王道宗护送文成公主入吐蕃。松赞干布到吐蕃东部边境亲自迎接公主，他在拉萨为公主修筑了唐式宫室。松赞干布迎娶文成公主后，中原与吐蕃之间关系极为友好，此后 200 多年间，很少有战事，使臣和商人频繁往来。松赞干布十分倾慕中原文化，他脱掉毡裘，改穿绢绮，并派吐蕃贵族子弟到长安读书。唐朝也不断派出各类工匠到吐蕃，传授各种技术。

文成公主在吐蕃生活了近 40 年，一直备受尊崇。文成公主远嫁吐蕃，不仅揭开了唐蕃历史上非常重要而又影响深远的第一页，也是吐蕃佛教发展史上的重要事件。

后来，到唐中宗时，又有金城公主入藏和弃隶缩赞成婚，唐蕃之间关系融洽，并且会盟建立盟约，说相互间要“患难相恤，暴掠不作”，并在大昭寺门前建立了会盟碑。

文成公主塑像

位于青海共和倒淌河

吐蕃佛教的发展

佛教传入西藏就是在松赞干布时期，距现在已经有1000多年的历史。文成公主入藏对于西藏佛教的发展具有深远的影响。通过松赞干布与文成公主的婚姻，中国佛教最盛时期的唐朝文化当时以各种各样的方式传入了西藏。文成公主对于佛教也有深厚的感情，佛像、经典、僧侣亦随文成公主入藏，西藏佛教由此开始兴盛。现行的西藏文字，也就是在这个时期，由梵文衍变而成的。

文成公主入藏时，不仅携带大批丝织品、手工艺品，还有史书、营造与工技著作、医方等，唐皇还以释迦牟尼佛像、珍宝、金玉书橱、经书、经典等作为嫁妆。文成公主博学多才，笃信佛教，在拉萨由她选址、设计，建成了大昭寺、小昭寺，深受藏民敬爱。

西藏有一个说法，“先有大昭寺，后有拉萨城”，始建于唐贞观二十一年（647）的大昭寺位于拉萨市中心，是西藏最辉煌的一座吐蕃时期的建筑。拉萨河谷是西藏农业文明与牧业文明的交界处，在拉萨河谷建造大昭寺，使吐蕃王朝走出了狭窄的山南地方，摆脱了山南旧贵族势力的牵制，得到了进一步的发展。

现在大昭寺内主供的释迦牟尼像便是由文成公主从长安带来的一

释迦牟尼佛 12 岁等身像
位于西藏拉萨大昭寺

尊释迦牟尼 12 岁等身镀金像，它在佛教界具有至高无上的地位。

根据达赖五世所著的《大昭寺目录》等书记载：小昭寺主神殿原来主供文成公主从长安带来的释迦牟尼 12 岁等身像，大昭寺主神殿原来主供尼泊尔的墀尊公主从加德满都带来的释迦牟尼 8 岁等身像。松赞干布逝世后，遵照文成公主的旨意，将大昭寺和小昭寺释迦牟尼等身像进行了对换。

释迦牟尼等身像中，以 12 岁时释迦牟尼身为皇子的镏金铜像最为精美与尊贵。1409 年，黄教开创者法王宗喀巴在传召法会上，为佛像献上五佛冠，使其成为报身形相。藏传佛教弟子称此像为“觉沃仁波切”。“觉沃”意为至尊，“仁波切”意为珍宝，即师尊大宝之意，见佛像具有见佛本人之加持力。

那时吐蕃周围的四邻国家，没有一个不是盛行佛教的。唐朝时，从吐蕃经尼泊尔进入印度是唐代僧徒往来的一条重要通道。唐僧玄照去印度巡礼，经吐蕃，蒙文成公主送往北印度，后又有唐朝僧人慧轮等 20 多人，从蜀川通过吐蕃辖区，进入中印度。文成公主的入藏，汉藏之间的友好，进一步打通了唐朝佛教僧侣进藏的通道，佛教文化的交流也更加频繁，促进了藏传佛教体系的形成。

正是在这种氛围中，形成中国佛教的另一大支派——藏传佛教的前弘期。藏传佛教以其特有的文化形态，独树一帜，成为此后西藏地方占据统治地位的意识形态。

小知识◎文成公主与小昭寺、大昭寺

小昭寺创建于7世纪中叶，香火延绵已逾千年。相传文成公主入藏时带了一尊释迦牟尼12岁等身像，行至现在的小昭寺位置时，木车陷入沙地中。公主通过历算，决定把释迦牟尼佛像安放于此处供奉，遂建小昭寺。这座寺庙由文成公主主持修建，大门朝东，以寄托文成公主对家乡父母的思念。小昭寺是汉语称谓。小，是与大昭寺相对应而言；昭，是藏语“觉卧”的音译，意思是佛。

今日的小昭寺位于拉萨城的东北部，在八廓街北约500米处。其早期建筑系仿汉唐风格。小昭寺历史上几经火焚，现存的小昭寺的建筑大多是后来重修的，只有底层神殿是早期的建筑，殿内的10根柱子依稀可见吐蕃遗风：上面镂刻着莲花，并雕有花草、卷云以及珠宝、六字真言。寺内供有释迦牟尼8岁等身像及众多的佛像和唐卡等。

而大昭寺据说是由尼泊尔的墀尊公主修建的，开始动工的时候困难重重。后来由文成公主选址，定在红山东1000米的地方。那里原来是一片湖水和沼泽地。文成公主为大昭寺指明地址后，浩大的填湖建寺工程便开始了，后来大昭寺终于建成。

大昭寺门前至今立有唐蕃会盟碑。此碑立于长庆三年（823），又称长庆盟碑，由于年代久远，字迹模糊，但隐约可见大臣、太宰、尚书及牛僧孺等字。碑侧有古柳两株，老干盘曲，相传为文成公主所植，被称为公主柳。

◎释迦牟尼佛等身像

释迦牟尼在世时反对偶像崇拜，不立寺供像。在他临终时只同意以自己三个不同年龄时的模样塑像，并亲自为塑像绘图。因此，佛祖等身像是佛祖释迦牟尼得道后应徒众要求建造的自己 8 岁、12 岁、25 岁三个年龄段和真身一样大小的佛像，据说是参照了佛祖母亲的回忆，并由释迦牟尼本人亲自开光。12 岁等身像后从古印度流入中国，又经唐代文成公主带入西藏，原供于小昭寺。现在小昭寺主供的释迦牟尼 8 岁等身像原供于大昭寺。第三尊佛等身像，即 25 岁等身像被供奉在佛成道时的菩提树旁的菩提伽耶大塔之中。

6. 从拈花微笑到一花五叶

——禅宗的兴起与发展

禅宗作为佛教中国本土化的重要宗派，是佛教与中国文化融合的产物，至今仍是一个具有重大社会影响的佛教宗派。禅宗在中国的真正兴起正是始于唐代。虽然隋唐的总体状况是“八宗并弘”，但禅宗的兴起，却绝对称得上是重大的历史事件。

禅法东来与禅宗六祖

唐代拈花菩萨像

位于甘肃武威天梯山石窟第 2 窟

禅宗有西天二十八祖和东土六祖的说法。而禅法的开始，是我们都听说过的“拈花微笑”的故事。

2500 多年前，释迦牟尼佛在灵山会上说法，他手拿一枝金色波罗花“拈花示众”，听众默然不解其意，唯独摩诃迦叶破颜微笑，佛祖当即宣

中国禅宗初祖达摩像

位于河南嵩山少林寺西方圣人殿前

清代绘画

左起依次为：三祖僧璨禅师，四祖道信禅师，五祖弘忍禅师，六祖惠能禅师

布将这个不立文字、教外别传的法门付与迦叶。“拈花微笑”被禅宗奉为“以心传心法门”，迦叶也被禅宗尊为“始祖”。摩诃迦叶为了续佛慧命，使法水长流，把“正法眼藏”和“衣钵”以直指单传的形式再传给阿难，这就是西天第二代祖师。

一直传到第二十八代菩提达摩，达摩大师航海东来，到嵩山少林寺面壁九年，以不立语言文字、教外别传、直指人心、见性成佛的禅法，接引有缘众生，被称为中国禅宗“第一代开山祖师”。后来达摩以“衣法”付与慧可，是为二祖，后又经三祖僧璨、四祖道信、五祖弘忍，五代相传，到了六祖惠能时，惠能对于禅宗做出了中国化的革新，提出了即心即佛的佛性论、顿悟见性的方法论、不离世间与自性自度的解脱论，使得禅宗真正成为一个宗派。

禅宗分南北

禅宗一直都是直指单传，发展到唐代五祖之后，开始分南北。北宗指的是五祖弘忍的弟子神秀所说的禅法。弘忍死后，神秀在荆州当阳（今属湖北）玉泉山，大开禅法，声名远播。神秀时期，北宗得到不小的发展，四海僧俗闻风而至，声誉甚高。

武则天闻神秀盛名，于久视元年（700）派人将神秀迎接到洛阳，之后他来到长安内道场。时年神秀已经90余岁，深得武则天敬重。中宗即位之后，对于神秀更加礼重，神龙二年（706），神秀在天宫寺逝世，中宗赐谥为“大通禅师”。他的弟子普寂、义福继续阐扬其宗风，盛极一时，被称为“两京法主，三帝门师”，洛阳和长安之间几乎都宗神秀。后世称神秀的法系为北宗禅。

南宗是指禅宗惠能这一系，主要流传于南方。对于南宗的建立和

神会像
位于河南洛阳龙门石窟景区

兴盛起到重要作用的是惠能的弟子神会。神会是惠能晚期的弟子，荷泽宗的创始者，也是六祖著名的法脉传人之一。他曾在荆州玉泉寺从神秀学习禅法，久视元年（700），神秀因武则天召他入宫说法，便劝弟子们到广东韶州从惠能学习。神会去曹溪后，在那里住了几年，很受惠能器重。为了增广见闻，他不久又北游参学。景龙年间(707 ~ 709)，神会回到曹溪，惠能将示寂时授予其印记。

神会北归以后，看见北宗禅在北方已很盛行，于是提出南宗顿教优于北宗渐教的说法，并且指出达摩禅的真髓存于南宗的顿教，惠能才是达摩以来的禅宗正统。

唐开元二十年（732），神会在滑台(今河南滑县)大云寺设无遮大会，和当时著名学者崇远展开辩论，建立南宗宗旨，同时批评了当时最有声望的神秀门下的普寂，批评流传于北方的禅宗神秀系“师承是旁，法门是渐”，禅宗内部从此产生宗派之争，后世因此有“南能北秀”的说法。

北宗禅仅传数代就告衰落，南宗至后世极盛，被视为禅宗正统。惠能禅法的基本特征为“顿悟”，与神秀北宗主张的“渐悟”相对应。

惠能创立的南宗禅是在中国本土发展起来的，核心思想是“不立文字，顿悟成佛”，成为中国佛教最主要的一个宗派。典型中国化的惠能禅宗是中国佛教史上流传最久、影响最深的宗派，从唐末到宋明，一些理学家都出入佛道，主要是禅宗，他们吸取了禅宗思想中的思辨命题，使儒学理学化，大大丰富了中国哲学史的内容。

佛教自两汉之际传入中国，经由天台宗、华严宗、法相唯识宗等宗派的传承和创新，直至惠能大师创立的禅宗而标志着佛教中国化的实现和完成。至此，佛教也才真正成为中华文明的一部分。禅宗扮演了“宗教改革”的角色，从佛教内部极大地淡化或削弱了佛教本位的文化心态，使其融汇到中国文化的大流之中。

从思想的角度来看，惠能大师力主“本性是佛”、“直指人心，见性成佛”的佛学思想，立足于人的本性，强调人性即是佛性，因人人都有人之本性，自然人人也就有佛性，既然人人都有佛性，那么在佛性面前人人也就是平等的。这种平等思想对普通民众来说无疑具有很大的吸引力，在很大程度上也正是由于这一原因，禅宗才成为唐宋以后经久不衰的佛教宗派。

禅宗的一花五叶

中唐以后，南宗禅更是兴旺发达，不仅压倒了北宗禅，甚至盛于禅宗以外的其他佛教流派。禅宗在发展过程中，内部也发生着分化。自从六祖惠能大师以后，为了熄灭争端，只传法印，不传衣钵。在惠能门下的得法弟子有 43 人，其中最出名的有南岳怀让禅师与青原行思禅师。在六祖惠能禅师把正法眼藏的如来慧命传付给南岳怀让禅师和青原行思禅师以后，禅宗的法脉就从这两支发展起来：一是由南岳怀让禅师再传于马祖道一，二是由青原行思禅师再传于石头希迁禅师。

大约在唐末、五代之间，禅宗形成了五个重要的派别，即沩仰宗、临济宗、法眼宗、云门宗、曹洞宗，这就是所谓一家五宗。各宗都发挥了丰富多彩的接化方法——机锋棒喝，超佛越祖，以及其他非常奇特古怪的方式方法。禅宗历史上最著名的有德山棒、临济喝。五家禅中，沩仰宗兴起最早，于宋初衰微。法眼宗形成最晚，随吴越之亡而势减。属这一法系的永明延寿（904 ~ 975），以佛学渊博知名于宋初，高丽王曾遣僧从其参学，法眼禅由是传至东海。佛教禅学在晚唐五代时期达到了顶峰状态。

禅宗在中国佛教各宗派中流传时间最长，影响甚广，至今仍绵延不绝，在中国哲学思想及艺术思想史上有着重要的地位。

小知识◎无遮大会

无遮大会，原指由帝王所施设的一种大斋会。因圣凡、上下、贤愚通聚而无间，故名。又名无遮会、无遮施会、无遮斋筵、无遮祠祀大会。此斋会曾广泛地流行于印度及西域。在印度，此斋会系五年一设，故亦名五年大会，多行于春季，聚集远近会众，进行种种供养。会期有时长达三个月之久。

佛教传入中国之后，中国也开始有无遮大会。据载南朝梁武帝曾设无遮会，至唐代，懿宗曾在禁中设万僧斋。神会在大云寺召开的大会是僧尼道俗共同参加论辩的大会，因此也称无遮大会。

◎唐代文人与佛教

唐代很多文人都受到佛教思想的极大影响。最典型的是王维，传说因他降生时他母亲梦见维摩诘居士，故字“摩诘”。

王维年轻时就笃信佛教，曾随道光法师“十年坐下，伏俯受教”。他一生习禅，与南北两宗都有交往，先受北宗神秀禅学思想的熏陶，后又受南宗荷泽一系禅学思想的影响，并为惠能写了碑文。

唐宋八大家之一的柳宗元也自幼信佛，少年时居住在父亲任职的洪州，那里是马祖道一禅师的传法道场，他深受影响。柳宗元谪居永州时，寄居在龙兴寺古庙，和名僧湛然的弟子成了方外之交。柳宗元的文集里，佛教的碑文，记祠庙、赠僧侣的文章有很多，他共写了 150 多首诗，与僧互答及涉禅理的诗就有 20 余首。对于当时韩愈过激的反佛言论，他对韩愈也进行过劝说。

白居易作为新乐府运动的发起人、倡导者，曾住在洛阳的龙门香山寺中，与如满禅师等结交，作诗参禅，自称“香山居士”。被贬以后，深感仕途艰险，于是寄情于山水诗酒

八高僧故事图（其一）

南宋画家梁楷绘。拱谒者为白居易，指说者为鸟窠道林禅师

之中，皈依佛教。白居易中年更加亲近高僧，从受净戒，勤习禅法。他重修了洛阳香山寺，去世后也葬在寺内，至今香山寺仍有白居易墓。

佛学到了中唐已经发展到了全盛时期，对佛教是否认可，是唐朝选用官员的一个标准，不少官员公开表明自己“好佛”，其目的是为了迎合朝廷的需要，因此，唐代的思想家、文人与佛教僧侣均多有交往，只不过这种交往中掺杂了一些比较复杂的成分，他们既想借佛教的出世思想以对仕途不顺进行思想安慰，也想借此铺平自己的仕途。

7. 虽有磨难终致远

——唐五代佛教发展中的曲折

虽然这一时期佛教融入了中国文化，但其发展并不是一帆风顺的，不断地有各种反对的声音出现，有的是来自中国传统文化中的维护道统的声音，有的则直接来自帝王的限制甚至禁止，这些对于佛教的发展都产生了负面的影响，但在矛盾与斗争中，佛教在中国依然得到了巨大的发展。

韩愈谏迎佛骨

佛教的发展引起了当时具有儒家正统思想者的不满，而当时寺院经济的发展，也引起了一些社会反响，著名文学家韩愈就是唐代反对佛教最鲜明的代表人物。

唐宪宗时，吸取之前社会动乱的教训，任贤用能、刻苦自励，经过一段时间的努力，开始显示出一些业绩，有了一些“中兴”的迹象。宪宗大兴佛事，于元和十四年（819），亲自从法门寺迎奉佛骨至长安供养，佛骨送到皇宫，供奉了三天，又在长安城内各寺院轮流公开展出。这件事轰动了整个长安城，上至王公大臣、绅士富户，下至普通百姓，争着向寺院布施。

在这种崇佛的气氛中，时任刑部侍郎的韩愈发出了另外的声音，他冒死向唐宪宗上书《谏迎佛骨表》，攻击佛为“夷狄之一法”，反对朝廷推动佛教在中原的传播。韩愈此时上书，既惹众怒，又犯龙颜，宪宗大怒，坚决要杀死韩愈。宰相裴度、崔群等大臣极力劝谏，宪宗才免了韩愈的死罪，将他贬到离长安2000多公里的南方海边的潮州（治今广东潮州）做刺史，韩愈从此开始了第二次贬官生涯。这就是历史上有名的“一封朝奏九重天，夕贬潮州路八千”。

韩愈反佛，一方面是为了维护儒家正统的地位，所以他写《原道》，希望统治者能够恢复孔孟道统之正统地位，另一方面因其不了解佛教义理，而只看到当时社会上崇佛风气极盛，大量消耗社会经济，于是他产生了不满情绪，并因此而受到贬斥。富有戏剧色彩的是，韩愈自己却又在贬谪地潮州遇大颠和尚而改变了对佛教的看法。这些都反映出佛教思想与中国本土文化的撞击与融合。

“三武一宗法难”

中国古代历史上发生过四次灭佛事件，称“三武一宗法难”。“三武”是北魏太武帝、北周武帝、唐武宗，“一宗”是后周世宗。

北魏太武帝拓跋焘（424 ~ 452年在位）出身于鲜卑拓跋部，最初施政时尊崇儒家学说，并且信奉佛教，后改信经寇谦之改造过的道教即天师道，奉寇谦之为“天师”，444年下诏限制佛教，禁止王公以至百姓私养沙门。这是历史上帝王对于佛教的第一次法难。

第二次法难是在574年，北周武帝宇文邕（561～578年在位）禁佛，由于他在思想上崇尚儒家，重用儒者，因此佛、道二教皆被禁止，而他虽下诏毁坏寺院，焚毁经像，但并不屠杀沙门，而是迫使他们还俗为民。

“会昌法难”发生在唐武宗时期，唐武宗李炎信奉道教，并且认为佛僧的存在影响了他修炼成仙，因此从841～845年进行了5年的灭佛运动。唐武宗下诏焚烧佛经，毁拆佛像，勒令僧尼还俗。当时，除长安、洛阳等地少数佛寺被保留外，其余的寺院一律被拆除，作为皇家寺院的法门寺受到的损害最大。据法门寺石碑记载，由于佛舍利在佛教界的巨大影响力，唐武宗下诏命令法门寺交出“护国真身舍利”，并要求在他面前将其碾碎。为保护佛舍利，法门寺和尚冒着生命危险做了一个复制品，以此搪塞皇帝，而将真身舍利保留下来。后来这些复制的舍利便被称为影骨。由于唐武宗当政的年号为“会昌”，因此其进行的灭佛运动，在历史上被称为“会昌法难”。武宗崩后，皇太叔宣宗即位，再一次恢复佛法。

到了五代时期，后周世宗柴荣显德二年（955），世宗为了贯彻以儒教为主的统治政策，以佛教寺院僧尼构成国家财政上的负荷为理由，下诏禁止私自出家；订立严苛的出家条件，并规定必须在国家公认的戒坛受戒，否则无效；不许创建寺院，未受诏敕的寺院，一律废毁；民间的佛像、铜器，交由有司铸钱，如果私藏5斤以上的，一律处死。后周世宗废毁寺院总计30336所，大量的佛像及钟、磬等法器被铸成铜钱，史称“一宗法难”。

因此，五代时期佛教发展缓慢，甚至还受到君主的限制，我们可以将之看作从唐到宋的过渡时期。

每次法难对于佛教在中国的发展都是巨大的打击和挫折，但放到历史的长河中审视，这四次灭佛只是佛教发展过程中的短暂的插曲，并没有从实质上阻碍佛教在中国的发展。

小知识◎韩愈与大颠禅师

大颠宝通禅师，广东潮州人，法号宝通，自号大颠和尚。自幼聪颖异常，博通经史，是一位知识面很广的高僧。唐代宗大历初年，潮州大颠、药山惟俨、百丈怀海同到海潮岩拜惠照和尚为师。惠照和尚是禅宗六祖惠能的大弟子怀让的弟子，精持戒律，博通词翰，有“诗僧”之称。三人随后又先后到南岳受戒。百丈受戒后，先到庐州（治今安徽合肥）浮槎寺阅藏经，后来亲近道一，成为洪州门下第一人。大颠与惟俨受戒后在南岳参拜石头希迁禅师，修大无畏法，大悟宗旨，得曹溪之法。

唐德宗贞元初年，大颠禅师云游潮州西幽岭，见灵山林木茂密，山清水秀，大有地杰山灵之气，于是在此修建寺庙。他经过多年的努力，在周围乡亲的帮助下，终于建成一座古色古香的寺庙，并取名曰“灵山寺”。

当时潮州处于南地，人民生活完全处于农业的自发自耕之中，被贬谪之后的韩愈处于文化孤独和心灵孤寂之中，听说大颠禅师道行高超，深受大众所推崇，于是韩愈就前去拜访。两人认识之后，他认为大颠禅师“颇聪明、识道理”，与大颠禅师有了密切的往来，韩愈在叩齿庵居住许久，每日与大颠品茗论道，促膝长谈，这使得韩愈对佛教有了新的认识。以后韩愈从佛教的观点出发，提出了“心性论”，这不能不说是大颠对他的影响。

元和十四年(819)，韩愈即将离潮州改授袁州（治今江西宜春）刺史时，专程到灵山寺看望大颠禅师，向他辞行，时年大颠88岁，韩愈52岁。经过一番畅谈后，两人仍依依不舍，大颠禅师亲自送韩愈到寺院门外的小桥边，韩愈深为感动，随手脱下官袍，并“留衣服为别”以作留念。后人就在赠衣之处建“留衣亭”纪念两人的友谊，此亭及碑至今尚存。于是，在禅门中留下了“文起八代之衰，而道济天下之溺”的大文豪韩愈与大颠禅师交游的千古佳话，韩愈给大颠禅师“留衣”并作诗《赠大颠禅师诗》：“吏部文章日月光，平生忠义着南荒。肯因一转山僧话，换却从来铁心肠。”这则公案，至今耐人寻味。

8. 一衣带水，佛法远绍

——中国佛教的海外传播

隋唐五代时期，中国社会经济繁荣，对外贸易频繁，不仅有中国僧人去印度取经，还有中国的佛教向海外的传播，主要是对朝鲜半岛和日本产生影响。这一时期朝鲜半岛和日本也有不少留学僧来中国取经参学，大大促进了两地佛教的发展，并且逐渐形成了各自的特点。

朝鲜半岛佛教的发展

作为中国的近邻，朝鲜半岛自古与中国在经济、政治和文化上有着密切的关系。前秦苻坚时代，佛教从中国传入朝鲜半岛。隋朝时，隋炀帝曾经三次发动对高句丽的战争，但都以失败告终。唐朝时，中朝之间贸易往来较多，唐朝从朝鲜半岛输入牛、马、麻、人参等，向朝鲜半岛输出丝绸、茶叶、瓷器、药材、书籍等，与朝鲜半岛的文化技术交流达到新的高度。

7 世纪中叶，朝鲜半岛的新罗国在唐王朝支持下灭高句丽、百济，结束了三个政权并立的时代。隋唐五代时期，中国佛教在朝鲜半岛的传播、影响进一步扩大。

新罗名僧圆光曾经渡海到中国陈朝学佛法，对《成实论》、《大涅槃经》等很有心得，新罗王闻名请他回国后，尊之为师，他也常向国王和大臣讲大乘佛经。

唐朝时，出身新罗贵族的僧人慈藏，曾于唐贞观十二年（638）率门人入唐学习佛法，贞观十七年（643），他带着唐朝所赐藏经一部及佛像等物回国，受到国王的欢迎，授任“大国统”，管理僧尼事务。在慈藏及其弟子的努力之下，新罗的佛教发展很快。

朝鲜半岛统一后，新罗佛教进入广泛普及的阶段，一些学僧入唐求法，带回大量汉文佛经和著述，此时的新罗佛教在各方面都受到中国唐朝的影响，前期盛行华严宗和法相宗，后来从唐朝传入密宗和禅宗，之后净土宗也日渐流行。

唐朝时，玄奘声誉闻名朝鲜半岛，研习法相者遍及各种学僧。唐玄奘得力弟子之一的圆测（613 ~ 696），出身新罗王族，在唐高宗后期和武则天掌政时期被选入译经馆，圆测于武周万岁通天元年（696），以 84 岁的高龄寂灭于洛阳佛授记寺。

最早传到朝鲜半岛的禅宗是禅宗开创期道信（580 ~ 651）的禅系。新罗法朗入唐从黄梅的道信受禅法，归国后传神行。神行入唐，从北宗普寂（651 ~ 739）弟子志空学禅法，归国传北宗禅，但影响不大。之后最流行的是南宗马祖道一系统的禅法。由于不同时期许多僧人分别到唐朝参学禅法，回国后各在一方以某一寺院为中心传禅说法，到新罗灭亡（935）前形成 8 个支派，之后高丽时期（918 ~ 1392）初发展为 9 个支派，称“禅门九山”。

这一时期，佛教僧侣在朝鲜半岛传教过程中得到以国王为首的统治阶级的支持，佛教寺院遍布全国，义僧辈出，著作很多，随着僧侣的增多，建立起相对独立的僧官制度，这都为以后朝鲜半岛佛教的发展奠定了基础。

日本佛教的发展

佛教在6世纪左右传入日本，在崇峻和推古天皇在位期间（587 ~ 628），佛教有了很大发展，百济、高句丽的僧人大量来到日本，寺工、炉盘工、瓦工、画工等也随同僧人前来，兴建了法兴寺等早期佛教寺院。

圣德太子（574 ~ 622），派使者入隋，沟通两国邦交，并派沙门入隋学习佛法。孝德天皇大化元年（645），天皇下诏兴隆佛法，任命十位沙门为“十师”，“教导众僧，修行十教”，其中就包括留学僧僧旻，可以说当时的留学僧是建立新体制和兴隆佛法的重要力量。

唐朝时期，日本与中国的政治、经济和文化交流十分频繁，多次派出遣唐使，入唐的留学僧达到105人。奈良时代（710 ~ 784），中国佛教宗派中的三论宗、法相宗、华严宗、律宗以及佛教学派中的成实宗、俱舍宗，相继传入日本，流行于上层社会，史称“奈良六宗”。

三论宗最初从高句丽传入。推古天皇三十三年（625），中国三论宗创始人吉藏的弟子高句丽僧慧灌到达日本，宣讲三论宗的“八不中道”教义，被认为是日本三论宗的初祖。

而法相宗是奈良时代佛教中最有势力的宗派。初传者道昭（629 ~ 700），曾入唐师事玄奘，归国后在法兴寺东南建禅院安置带回的舍利和佛经。道昭的弟子行基（668 ~ 749），致力民间传教，并组织兴办社会福利事业，修造码头、道路等。

律宗正式传入日本较晚。随着佛教在日本的流行，急需懂得佛教戒规、主持僧尼出家受戒的学僧。为此，日本派人到唐朝聘请德高望重的律学高僧赴日。扬州大明寺高僧鉴真（688 ~ 763）应请赴日，经过六次东渡的努力在天宝十二年（753）到达日本，日本律宗由此开始。

日本平安时代（784 ~ 1192），天台宗和真言宗是日本最盛行的佛教宗派。延历二十一年（802），名僧最澄上表请求入唐求法。延历二十三年（804），最澄和空海等随遣唐使入唐。最澄在唐接受了天台宗、密宗、禅宗及大乘戒法的四种传授，即所谓“圆、密、禅、戒”的“四种相承”。805 年，最澄搭遣唐使的船回国，向天皇上表复命，带回《金字妙法莲华经》、《金字金刚经》等经书、章疏以及图像、法器等。最澄在天皇支持下在日本正式创立天台宗，在原来的“奈良六宗”之外，天台宗正式取得独立的地位。

真言宗的创立者空海（774 ~ 835），与最澄在 804 年一同奉敕

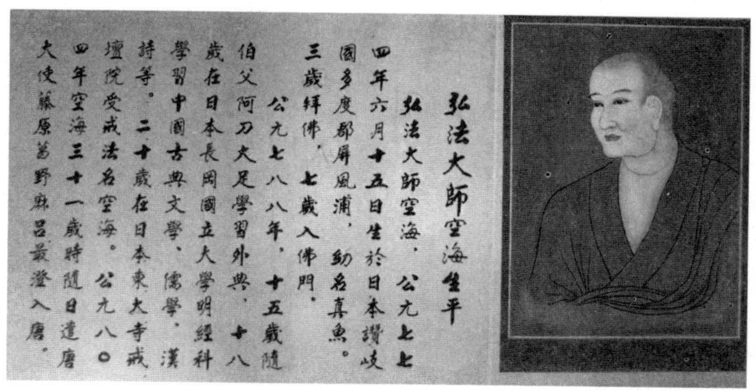

日本佛教大师空海像及其生平简介

日本高僧空海是著名的遣唐使，开创了日本真言宗

渡海赴唐，空海到长安后不久，投到青龙寺的密教名僧惠果（不空弟子）的门下。回国后，得到平城天皇、嵯峨天皇的支持，在日本宣传真言宗，发展信徒。他先住平安北部的高雄山寺，后来受赐东寺，以此为中心传教。他所立的真言宗被称为“东密”。

平安时代后期，佛教的净土信仰逐渐流行，这也是佛教在社会上广泛普及的一种反映。

奈良时代佛教和平安时代佛教是日本佛教初传时期的前后两个阶段。这是日本人对中国佛教开始接受、认识和消化吸收的过程。与中国初传期佛教相比，它在社会政治文化领域的影响较大，信仰色彩更浓，而哲学思辨较少。

小知识◎新罗僧人金乔觉与九华山

中国关于地藏菩萨的传说中就有这样的说法：九华山作为地藏菩萨的道场，菩萨的化身就是来自朝鲜半岛的新罗国的王子金乔觉。

金乔觉（696～794），新罗僧人，俗称金地藏，为古新罗国（在今朝鲜半岛东南部）国王金氏近族。据说，金乔觉早年曾经来大唐留学，汉学修养颇深，其诗作被收入《全唐诗》。此间，他对佛教产生了浓厚的兴趣，于是回国后，毅然抛弃王族生活，削发为僧。唐开元七年（719），金乔觉24岁时，带着神犬谛听，来到中国，并将位于九华山麓的“九华行祠”为其初上山的栖身之处，后收九华山闵公和道明父子为徒，在九华山修行说法。九华山上的金仙洞、地藏泉、神光岭，都留下了他的足印。

为纪念地藏菩萨成道之日，每年农历七月三十日，九华山都要举行盛大的庙会。

金乔觉及其弟子究竟属何派，史无记载。一说他属华严宗，一说其属于净土宗一派，但大都认为他应化为地藏菩萨，弘扬地藏菩萨“众生度尽，方证菩提，地狱未空，誓不成佛”的宏伟大愿，超越了宗派范围。金乔觉在九华山苦修了76年，于唐贞元十年（794）农历闰七月三十日夜跏趺圆寂，寿至99岁。佛教徒认定他即地藏菩萨示现，弟子们视他为地藏菩萨应世，尊其为“金地藏”。九华山由此成为地藏菩萨的道场，与峨眉山、五台山、普陀山并称为“四大佛教圣地”。

二 广洒甘露遍人间

——高僧大德

隋唐五代之时，佛法大盛，大德辈出。高僧们以非凡的体悟与卓见给予了中国佛教丰盈的内容、深刻的思想，甚至神奇的故事。这些名字、这些足迹应该被全部记录且被永远记住，而能够写在这里的不过是其中一小部分。

1. 陈隋两帝，师为国宝

——智𫖮

智𫖮大师（538 ~ 597），世称“智者大师”或“天台大师”，在中国素有“小释迦”的尊号，是天台宗的创立者。

智者大师像

清代线刻图。天台宗四祖

天台高僧

梁武帝大同四年（538），智𫖮生于荆州华容。他从小就有佛缘，父母去世后，投到湘州果愿寺沙门法绪门下，出家为僧，20 岁受具足戒，23 岁师从慧思禅师。慧思既善义理的探讨，又重禅法的践行，是北方有名的禅师，曾受学于北齐禅师慧文。慧文将自己读经所悟得的

“一心三观”之理口授给慧思，慧思又传给了智𫖮，从而奠定了天台宗的理论基础。

隋朝统一之后，天台宗、华严宗和禅宗等中国化的佛教宗派相继出现，其中最早创立的宗派就是天台宗，天台宗以龙树为初祖，北齐慧文为二祖，慧思为三祖，智𫖮是天台宗的四祖，是天台宗的实际创始者。

陈隋两朝，智𫖮因为禅智兼重、修行之深受到了帝王和当时僧众的推崇，因此智𫖮大师也被誉为“陈隋两帝，师为国宝”。

陈废帝光大元年（567），年仅 30 岁的智𫖮至陈都金陵（今江苏南京），受到了陈代朝野僧俗的欢迎与敬重。两年后，即陈宣帝太建元年（569），智𫖮被朝廷迎请住进了瓦官寺，前后住了 8 年。在瓦官寺，智𫖮讲经说法，标立宗义，判释经教，为创立佛教宗派打下了基础。

陈宣帝太建七年（575），智𫖮与慧辨等 20 余人离开金陵前往会稽（今浙江绍兴）的天台山（在今浙江天台）。金陵僧俗多方恳请，陈宣帝甚至下诏挽留，但都未能留住他。智𫖮在天台山前后居住了约十年，在天台山修建的寺院经陈宣帝下敕，赐名“修禅寺”。

陈亡后，智𫖮大师于庐山隐居。隋文帝平陈后的第二年，就给智𫖮发出一道敕书，表示“宜相劝勉，以同朕心”，对大师表达敬仰与结交之意。隋文帝开皇十二年（592），智𫖮往荆襄，杨广赠送给他许多厚重的礼物。隋文帝开皇十五年（595），智𫖮受杨广之请，再度到扬州，并应允撰《净名经疏》。第二年春，他回到天台山，重整寺院，率众行道。

隋文帝开皇十七年（597）冬，智𫖮在向弟子做了最后的交代后，坐化于应杨广之邀的路上，终年 60 岁。

智𫖮去世后的第二年，杨广承智𫖮的遗愿在天台山南麓为之立寺。

初名天台山寺，至隋炀帝大业元年（605）为其赐名国清寺。国清寺是天台宗的根本道场，被称为天台宗的祖庭。

隋塔

位于国清寺

智者大师

智𫖮是一位真正的智者大师。他广弘教法，形成了天台宗的思想体系。他 38 岁时上天台山，从法华三昧进入止观双修的境界。后移居金陵光宅寺，讲《法华经》。因以《法华经》为主要教义根据，天台宗又被称为“法华宗”。

智𫖮不但在政治上、经济上为天台宗的创立打下了坚实的基础，而且还建寺度僧，培养弟子，并为天台宗留下了大量的理论著作。据有关记载，他一生建寺 36 所，亲自度僧 14000 余人，著书 140 余卷，最重要的有《法华玄义》、《法华文句》和《摩诃止观》，号称“天台三大部”，是天台宗的基本理论著作。《摩诃止观》代表了智𫖮的成熟思想，也奠定了天台宗的思想理论基础，强调止观双修的原则及一心三观、圆融三谛、一念三千的宗旨。

智𫖮一生，弟子众多，最著名的则是被奉为天台宗五祖的章安大师灌顶。灌顶从陈后主至德元年（583）师事智𫖮，直到智𫖮去世，始终不离左右，在协助智𫖮创宗方面，出力不少，其思想上也主要发挥智𫖮的学说，智𫖮的大部分著作都是由灌顶记录整理而成的。

作为僧人中的智者，智𫖮明确意识到“王兼国法，兼匡佛教”，

章安大师像

清代线刻图。章安大师（561～632），临海章安（今浙江台州北）人，俗姓吴，字法云，名灌顶，世称章安大师、章安尊者，智者大师的弟子，天台宗五祖

因此对于帝王和权贵求法问道的行为，他采取积极配合的态度，即使身染疾病，也不辞辛劳。佛教从印度东来，经过诸位高僧的努力，经历与中国社会的文化融合与寻求政治上的支持，在中国社会才终于得以生根并光大。

智𫖮创立的天台宗曾于9世纪初远播日本，11世纪末又传入朝鲜半岛，成为具有世界性影响的佛教宗派。智𫖮融合南北佛教各家义学和禅观之说，并吸收中国传统思想而形成的中国化的佛教理论，不仅对隋唐以后成立的各宗派多有影响，而且对以后整个中国学术思想的发展都产生了广泛而深远的影响。

小知识◎具足戒

具足戒，佛教术语，为比丘、比丘尼当受之戒，别解脱戒中之至极也。受具足戒者，年龄须在20岁以上，70岁以下。且须诸根具足，无患聋、盲等疾病。身器清净，无有边罪、犯比丘尼、贼住等杂过，并须具出家相，剃发，披袈裟，并且已受沙弥戒者，始能受此戒。其内容可分为波罗夷、僧残、不定、舍堕、单堕、波罗提提舍尼、众学、灭诤八种。在我国，比丘、比丘尼除受具足戒外，尚须受十重四十八轻戒的菩萨戒。关于比丘、比丘尼所持此戒的戒数，诸律所说各异：《四分律》认为比丘戒有250戒，比丘尼戒有348戒；《十诵律》则谓比丘戒有257戒，比丘尼戒有355戒。

2. 三论宗主，嘉祥大师

——吉藏

吉藏（549 ~ 623），南朝梁武帝太清三年生于金陵（今江苏南京），中国隋唐时僧人，祖籍安息，为三论宗创始人。

名重三代

吉藏一生，历经陈、隋、唐三朝，由于他对佛学的精深造诣，而受到当时王室的尊崇，盛名历三朝而不衰。

吉藏出生于金陵，幼年时期，父亲带他去见真谛大师（499 ~ 569），大师为他取名吉藏。取吉者，善也；取藏者，摄持之意。吉藏就是“摄持美善”的意思。吉藏的父亲是虔诚的佛教徒，后来出家取法名道谅。

吉藏 7 岁时从兴皇寺法朗（507 ~ 581）出家，听讲三论义理。吉藏从小就记忆力超凡，对法朗的讲述闻即能诵。19 岁时，吉藏曾经当众复述法朗讲义，一字不漏。此后，每当讲经之时，法朗常令吉藏代讲。吉藏逐渐名声大振，传遍京城。21 岁时，吉藏受具足戒后，持戒修禅，一年四季，无有懈怠。由于吉藏声望高传，吐纳义旨，而深受陈桂阳王敬佩。

隋平定江南后，吉藏到会稽（今浙江绍兴）住嘉祥寺，宣讲三论，听众经常超过千人，因而被尊称为“嘉祥大师”。

隋开皇年间，杨广开始建立四大道场，即扬州慧日寺，长安清禅寺、日严寺、香台寺，并于大业二年（606）下诏请吉藏入慧日寺，著述三论著作，后来又请吉藏入长安进住日严寺，吉藏大师的大部分著疏就是在日严寺得以完成的。

隋朝亡后，唐高祖李渊初到长安，召集佛教知名人物相见，吉藏被推为代表往见李渊。武德初年，唐朝设置十大德管理佛教事务，吉藏被选为十人之一，备受唐王室敬重。

创三论宗

吉藏法师于长安完成三论注疏，创立了三论宗。其间曾与当时三国论师僧粲辩论且获胜。吉藏大师著有《中论疏》、《十二门论疏》、《三论玄义》、《大乘玄义》、《二谛义》等。弟子知名者有慧远、智拔、智命、慧灌等。慧灌是高丽人，传三论宗于日本，成为日本此宗的肇始者，吉藏的思想也由此远传高丽、日本。

三论宗思想虽然源于印度中观学派，可是三论宗的形成却在中国隋代。在吉藏之前，佛学界研究、讲习古三论的，先有僧肇、道融，后有僧朗等。吉藏的学说，初从其师法朗，继而摄取天台宗的《法华玄义》，最后倾力于阐扬“三论”。如果没有吉藏大师的卓越成就，可以说就没有后来的三论宗，因此，吉藏大师是三论宗的集大成者，真正完善了三论思想体系，也是三论宗的实际创立者。实际上，三论宗是中国佛教史上早期形成的一个宗派，三论宗的创立，标志着中国化佛教的出现与佛教在中国文化中的真正扎根与发展。

吉藏大师是当时闻名的“义学沙门”，弘扬三论思想是他毕生的事业，他一生从事于讲经和著述，讲《法华经》300 多遍、《般若经》100 多遍、其他经论各数十遍。

吉藏晚年住长安延兴寺，武德六年（623）圆寂，寿 75 岁。其 60 余年修持，讲经弘法，撰写佛学著作。吉藏大师是中国佛教史上著述颇丰的僧人，据有关史料记载，其著作有 40 多种。其中有的已经散失，现存尚有 26 部。他对当时流通的大多数大乘经论都做了新的注疏，使大乘佛经得以广泛流通于社会各阶层。

3. 取经译经，传扬圣化
——玄奘

玄奘法师（602 ~ 664），俗姓陈，本名祎，法相宗创始人。唐朝著名的三藏法师，汉传佛教历史上最伟大的译师之一。

西行取经，声名远播

玄奘出生于洛州缑氏县（今河南偃师南），父母早丧，隋大业八年（612），玄奘于东都洛阳净土寺出家。隋大业十二年（616），玄奘随其兄长赴长安，继而至高僧大德云集的成都学习。唐武德五年（622），玄奘于成都受具足戒。

去印度之前，玄奘已游历各地，遍访国内高僧，先后从慧休、道深、道岳、法常、僧辩、玄会等学《摄大乘论》、《成实论》、《俱舍论》以及《涅槃经》等经论，读遍了佛教主要经典，成为人人称赞的“佛门千里之驹”。

在修学佛法的过程中，玄奘深感各派学说纷杂，难得定论，而来

玄奘浮雕

位于浙江杭州飞来峰造像第 46 龛内

自印度的佛经译作晦涩难懂且有失原意，他因而立志“誓游西方，以问所惑”。

为了自己的宏伟志向，玄奘婉言谢绝了庄严寺“长安十大德”之一的荣誉地位，决心到印度学习佛教。贞观元年（627）玄奘结侣陈表，请允西行求法，但未获唐太宗批准。

然而玄奘决心已定，于是“冒越宪章，私往天竺”，627 年，26 岁的玄奘离开长安踏上取经之路。这一路上的跋涉并没有像小说《西游记》里写的那样，有武艺高强的徒弟来降魔除妖，而是完全凭借玄奘自己坚韧不拔、舍生忘死的执着精神和不惧险恶、不为诱惑所动的坚贞品格坚持到底。

贞观元年（627），秦陇一带遭受霜雹灾害，玄奘混在逃荒要饭的灾民队伍里离开长安。朝廷得知后，敕令沿途官府严加把关，甚至张榜追捕捉拿玄奘。玄奘途经兰州到凉州，昼伏夜行，至瓜州，再经玉门关，越过五烽，在长达 400 多公里荒凉浩渺的莫贺延碛，玄奘一连走了四夜五日，滴水未进，备尝艰苦。

贞观二年（628）正月，玄奘到达高昌王城（今新疆吐鲁番东），高昌国王麴文泰厚礼相待，要把他当活佛供养一世，玄奘不为所动，绝食三日，以表取经求法志向，国王麴文泰深受感动，只得放行。他不仅给予玄奘物质上的赠予，还写了文书通牒，让一路上各国国君对玄奘进行必要的支持。

在长途跋涉了 2 万多公里后，玄奘终于来到王舍新城，开始取经求法，求知若渴地学习。贞观五年（631），玄奘抵达摩揭陀国的那烂陀寺受学于戒贤大师。玄奘在那烂陀寺学习 5 年，备受优遇，并被选为通晓三藏的十德之一。

641 年，戒日王会晤玄奘，决定以玄奘为论主，在曲女城召开佛学辩论大会，有五印度 18 国国王、3000 余名大小乘佛教学者和外道 2000 余人参加。当时玄奘讲论，任人问难，但无一人能问倒玄奘，一时其名震五印度，并被大乘尊为“大乘天”，被小乘尊为“解脱天”。

学成归国，备受礼遇

玄奘在印度赢得崇高威望，而他的名声早已经传回国内。戒日王会晤玄奘之后的第二年就遣使至唐，表示修好，太宗亦遣使回访。由此，中印两国历史上第一次建立了正式的友好关系，这其中玄奘起到了重

迎接玄奘取经归来

645 年，玄奘取经归来，僧侣与信徒们在长安的寺院前迎接驮着来自印度的佛教画像与经书手稿的马队

要的纽带作用。

贞观十九年（645），玄奘取经归国，载誉回到于阗，太宗立即召令与其到长安相见。太宗在洛阳宫仪鸾殿设宴，组织了盛大的欢迎法会，倾城轰动，正月二十五日，玄奘返抵长安，时年44岁。

唐朝帝王对于玄奘这位出游外国达17年，历110国，却始终心怀祖国，不改“一睹明法了义真文，要返东华传扬圣化”初衷的高僧礼遇有加。唐太宗接见玄奘后曾劝其还俗出仕，玄奘婉言辞谢，太宗对于玄奘的品德和能力都非常钦佩，对于玄奘的翻译事业给予了很大支持。

到唐高宗的时候，大慈恩寺建立，玄奘奉敕入住任上座。永徽三年（652），玄奘奏请建塔以安置经像，经高宗敕许，于大慈恩寺西院营建大雁塔。玄奘亲自参与建造劳动，“担运砖石，首尾二周（年），功业始毕”。

而武则天对于一代高僧玄奘的支持比前代帝王尤甚。太宗接见玄奘的时候，作为太宗宫人的武则天当时也侍立在侧。其间，玄奘畅谈异域风情和佛法、佛性，使一向信仰佛教的武则天深受震撼。

显庆元年（656），已成为高宗皇后的武则天，与高宗一起登上高高的城楼，观看玄奘迎接御制慈恩寺碑的场景，对于这位高僧，武则天充满了敬仰。

武则天生的第三个儿子即后来的中宗李显，满月之后，她曾经请玄奘为儿子举行仪式，赐号“佛光王”，并请玄奘为孩子剃度受戒。

玄奘法师得到了帝王的支持和厚待，为佛教在中国的传播做出了卓越的贡献。

翻译佛经，成果非凡

玄奘从印度回国之后，一直到寂灭之前，这将近20年的时间都是在译经场里度过的，他把自己的才华和时光都奉献给了自己钟爱的佛教事业。

归国之后，玄奘就进入长安弘福寺译经，由朝廷供给所需，并召各地僧人20余人助译。他们组成了完备的译场，并有严格的分工和程序。玄奘的译场有译主、证义、证文、书写、笔受、缀文、参译、刊定、润文、梵呗等多个岗位，译主为玄奘，其他的职位由求学者担任，他们负责核对梵文、书写记录、语法整理、译文润色等工作，而且还要将译稿回翻为梵文再次核对。玄奘还把译经、讲经和培养人才结合起来，白天在译场主持译经，傍晚给学生讲解新译经论、回答疑问，让学生在工作和学习中不断提高。

贞观十九年（645）六月玄奘翻译《大菩萨藏经》20卷，九月完成。贞观二十年（646）正月，玄奘译出无著《显扬圣教论》20卷，他还口述其游历，经辩机整理成《大唐西域记》。《大唐西域记》是研究南亚、中亚等地域历史地理的重要文献，它被译成英、法、日、德等多种文字，影响遍及全球。

由于印度与唐王朝开始遣使交流，玄奘又奉敕将《老子》、《大乘起信论》译作梵文，传于印度。显庆五年（660），玄奘开始翻译《大般若经》。至龙朔三年（663）终于译完这部多达600卷的巨著。此后，玄奘身心日衰，至麟德元年（664）二月逝世。

在翻译中玄奘始终保持严谨学风，晚年翻译《大般若经》，此经梵本计20万颂，卷帙浩繁，由于内容庞杂，参与翻译的学生要求删节翻译，但玄奘坚持一如梵本，不删一字。

玄奘中、梵文的功底俱佳，他在总结前人的基础上，提出了一系列的翻译原则，他反对古代译经家的“达意”原则而提倡忠于原本、逐字逐句信笔直译之译法，即将佛经翻译“音义两收，兼言翻译”的基本方法，摸索和归纳出著名的“五不翻”理论，并作为一个普遍可以实施的依据。玄奘的翻译既恰当地体现了印度佛教原典的结构，又符合中国的文法习惯，因此他的翻译被称为新译。近 20 年间，玄奘共翻译了佛教大小乘经论 75 部 1335 卷，共计 1000 多万字，玄奘的译著从数量和质量上都达到了中国佛经翻译史上的高峰。

唯识宗主，影响深远

早在两汉末年，印度的法相唯识类佛典就在中土有所译传。其后则在南北朝时期，北方有菩提流支、勒那摩提等译传世亲所著的《十地经论》，南方有真谛译传无著所作的《摄大乘论》等，亦可谓是佛教东渐过程之中的一大思潮。然而，这些法相古学及其思想，大都没能对中国的文化思想构成重要影响，直到高僧玄奘才将唯识学再次传入中国。

玄奘在印度学习的主要是大乘唯识有宗的经论，他从印度带回的大小二乘经论 657 部，其中最主要的部分也是唯识宗的经典，如《唯识三十论》、《唯识二十论》、《摄大乘论》、《成唯识论》、《瑜伽师地论》等。

在翻译印度佛教经典的过程中，玄奘建立起了唯识宗的基本义理，并培养了窥基等出色的弟子。玄奘被视为中国唯识宗的创始人，其上承印度无著、世亲以至护法、戒贤一派的佛教哲学，下启弟子窥基与新罗弟子圆测，融合了南朝的摄论学派和北朝的地论学派，成为唐初盛极一时的佛教学派。由于慈恩寺建立后他长期在慈恩寺译经，世称“慈恩大师”，中国的唯识宗又被称作慈恩宗。

不管是印度佛教的唯识学还是中国佛教的唯识宗，其思想的核心都是唯识，唯识宗的基本思想是：“万法唯识”和“唯识无境”，用唯识所现来解释世界，认为世界现象都由人的第八识即“阿赖耶识”所变现。

唯识宗所传唯识因明之学对后世影响很大，南山律宗道宣专事四分律的宣扬，在理论上就吸收了玄奘新译唯识学的观点。唯识宗在日本亦有流传。

唐永徽四年（653），日僧道昭从玄奘学法相宗义，回国后以元兴寺为中心传法，称南寺传。开元四年（716），日僧玄昉从智周学法，归国后以兴福寺为中心传法，称北寺传。法相宗是日本奈良、平安时代最有影响的宗派之一，至今流传不绝。

小知识◎那烂陀寺

据史料记载，那烂陀寺在古摩揭陀国王舍城附近，今印度比哈尔邦巴腊贡地方。始建于5世纪，是古代中印度佛教最高学府和学术中心。

传说此地原本是庵没罗园，后来五百商人捐金钱买下献佛，佛在此说法三个月。后来经过历代君王的营建，建成了宏伟壮观的那烂陀寺。

根据义净的讲述，唐代时那烂陀寺宛如一座方城，四周为长廊。寺高三层，高三到四丈，用砖建造，每层高一丈多。横梁用木板搭造，用砖平铺为房顶。每一寺的四边各有九间僧房，房呈四方形，宽一丈多。僧房前方安有高门，开有窗洞，但不得安帘幕，以便互相瞻望，不容片刻隐私。僧房后壁乃是寺的外围墙，有窗通外。围墙高三四丈，上面排列人身大小的塑像，雕刻精细，美轮美奂。

那烂陀寺规模宏大，曾有多达900万卷的藏书，历代学者辈出，最盛时有万余僧人、学者聚集于此，玄奘在此从戒贤法师学习多年，义净在此从宝师子学习10年；此外来此学佛的唐僧还有慧业、玄照、大乘灯、道琳、智弘等法师。

4. 光明大师，净土祖师

——善导

善导（613 ~ 681），临淄（今山东淄博临淄区）人，唐朝专弘净土法门的一代高僧，净土宗的实际创始人，被尊为净土宗第二代祖师。

精进修行，一心念佛

善导幼年从密州（治今山东诸城）明胜法师出家，常诵《法华经》、《维摩诘经》等。一次偶然的机会，善导接触到《观无量寿经》，认真研读之后，大为欣赏。受戒后与妙开律师共研《观无量寿经》，觉得只此观念法门最易超脱。

善导像

位于河南洛阳龙门石窟景区

善导因为仰慕东晋慧远结众念

佛的高风，曾经亲自到庐山寻访其遗范。之后他周游各地，访问高僧大德。听说道绰在西河郡（治今山西汾阳、介休一带）弘扬净土，即于唐太宗贞观十五年（641）前往玄中寺相访。其时正值严冬，旅途艰苦，年届八十的道绰悯他远来，即授以《观无量寿经》奥义。善导从道绰学习忏法，专事念佛，笃勤精苦，得念佛三昧。

贞观十九年（645），道绰入寂。善导离开玄中寺，来到京城长安，时年 33 岁。他在长安先住在终南山的悟真寺，后移住香积寺，常在光明寺说法，晚年住过实际寺，一心弘传净土法门。

善导日常持戒极严，常事乞食，一心念佛，非力竭不休。远避名利，不受供养，施主所布施的财物，都用来修复破败寺院、旧砖塔，燃灯续明，每年不断，又用来写《阿弥陀经》10 万余卷等。

善导自身颇多才艺，曾经画净土变相 300 余壁。又擅长造像艺术，唐高宗敕于洛阳龙门兴造大卢舍那佛像，命他监督造像工程，调露元年（679）其奉敕在造像之南建造奉先寺，对于中国佛教艺术的发展也做出了不小的贡献。

广传净土，光明大师

道绰著《安乐集》两卷，系统地阐述了净土宗的宗旨和信仰，以至影响到当世，这对于善导来说，启迪很大，正是在道绰所创净土宗的基础上，由善导把平生所学融会贯通，发扬光大，使净土宗顺应当时的形势不断壮大，广泛传播。

善导教化满京华，人称其为“弥陀化身”。他收徒讲学，传授佛家经典教义，传授净土法门的教相教义，为佛经教学尽心竭力。他讲《观无量寿经》200 余遍，融会贯通，运用自如，对人因势利导，循循善诱，自利利他，颇见功效，弟子甚多。

善导的弟子中最知名者为怀感，著有《释净土群疑论》。与怀感齐名的怀恽，本在长安西明寺出家，时善导在光明寺弘法，他即趋侍座下十余年，尽传善导之学。后依敕为长安实际寺主，常讲《观无量寿经》、《贤护经》、《阿弥陀经》等，劝四众专念弥陀名号。

善导的著述包括《观无量寿经疏》四卷、《往生礼赞偈》一卷、《净土法事赞》二卷、《般舟赞》一卷、《观念法门》一卷，共称“五部九帖”。

《观无量寿经疏》四卷，8 世纪传入日本，流布甚广，至 12 世纪，日本僧人即依此创立日本净土宗，并尊善导为高祖。

唐高宗永隆二年（681），善导忽患微疾，溘然长逝，时年 69 岁。他的弟子怀恽等，葬其遗骸于长安终南山麓的神禾原，建寺立塔，即今香积寺与崇灵塔。善导入寂后，唐高宗赐寺额为光明寺。由此，世称善导为“光明大师”。

后来，宋代选取异代同修净土功高德盛的 7 人立为莲社七祖，置善导于慧远之次，列为莲宗第二祖。

5. 西行求法，译经大师
——义净

义净（635 ~ 713），唐朝著名僧人，与法显、玄奘并称中国佛教史上最有成就的三位西行求法高僧，还与鸠摩罗什、真谛、玄奘并称中国四大译经师。

立意西行求法

义净7岁时，父母送他入齐州（今山东济南）西南20公里的土窟寺，从善遇和慧智两位法师学习。善遇法师博学多能，精通佛经，对六艺、天文、地理、阴阳、历算都有很深的研究。慧智禅师研习《法华经》数十年，造诣极深。在他们的教导下，义净掌握了丰富的文化知识，在佛学方面也打下了坚实的基础。慧智见他天资聪颖，前途无量，遂劝他出外求学。义净辞别土窟寺，来到佛教中心洛阳、长安。

义净的西行之路虽然没有像玄奘那样一开始受到王朝的反对和阻挠，但由于路途遥远和古代交通工具的限制，也充满了曲折和危险。

为祛蔽解疑，义净决心赴印度取经求法。咸亨元年（670），义净从长安出发，与其他僧人相约赴印度取经。当时陆上的“丝绸之路”因西域动乱而阻隔不通，去吐蕃则不仅道路艰险而且常受唐蕃关系的影响，而此时的唐朝强大富庶，南亚、西亚诸国纷纷前来贸易，海舶云集广州诸地，搭乘商船赴印度求法取经成为义净诸人的一致选择。

第二年，义净到达广州，获得资助搭乘波斯船前往印度。义净深知此去印度的艰难，等船期间返回齐州，向慧智禅师等师友告别。再回广州，同行者只剩下门人善行，其他人均因故罢退。海船出广州后，经 20 天左右，义净到达今苏门答腊岛，义净在此地居住半年，学习声明学（音韵学）。

在此期间，义净唯一的同行弟子善行因病无法前行，被迫回国。义净只身继续前行，于咸亨三年（672）到达东印度的南界，义净在此居住一年有余，从僧人大乘灯学习梵语。此后，在前往东印度的路上，义净遭遇身体染病和强盗打劫，几乎丧命。历经艰险之后，义净终于来到了朝思暮想的那烂陀寺。

义净在印度学习经典，并进行佛教经典的翻译，同时考察印度佛教教规和社会习俗。垂拱元年（685），义净乘船离开印度东归。三年后，他到达苏门答腊岛，停留两年有余，专心从事翻译和著述创作。

归来东土传法

天授二年（691），义净遣弟子大津回国，把自己在苏门答腊岛新译的经论及所撰《南海寄归内法传》等送回。证圣元年（695），他归抵洛阳，受到盛大的欢迎。武则天对义净的归来十分重视，不仅派出使者前往迎接，而且亲自率众人到洛阳上东门外迎接，诏命义净住在洛阳佛授寺。

从印度归来时，义净除了带回近400部佛经外，还带回金刚座真容1铺，舍利300粒，这些都成为中国佛教界的瑰宝。除了在佛学和翻译方面的贡献外，义净在地理、外交方面也很有功绩。他在归国途中逗留苏门答腊岛时，写出了《南海寄归内法传》、《大唐西域求法高僧传》等书。

《南海寄归内法传》中义净记述的有关南海各地的情况，成为流传至今的关于南海各地的最早的历史地理材料，为各国研究历史、地理和外交者所重视。《大唐西域求法高僧传》以僧传的形式记述了唐初从太宗贞观十五年（641）以后到武后天授二年（691）间57位僧人，包括义净本人，也包括朝鲜半岛、越南等的僧人，到南海和印度游历求法的事迹。

义净毕生从事佛事活动，特别在译经和著述方面花费了大量心血。他的译经活动大致可以分为三个阶段：第一阶段自入抵印度那烂陀寺至从苏门答腊岛返国前，他试译了《根本说一切有部毗奈耶颂》、《一百五十赞佛颂》；第二阶段是回国后至他主持译场之前，主要是整理原来的译著，并参加实叉难陀法师主持的《华严经》的翻译；第三阶段是在武则天久视元年（700）以后，义净自设译场，亲自翻译佛经，先后在洛阳、长安诸寺译出的佛经有几百卷之多。

义净不仅精通汉、梵文，又有在印度生活了十几年的经历，还有试译、助译的实践经验，因此翻译起来得心应手。他坚持直译，在原文下加注说明，订正译音译义，介绍产物制度，在语译方面，区分俗语雅语，又常在意译汉字下标出四声和反切，以求得准确的发音，因此在总体上他既继承了玄奘的翻译特点，又有自己的独创之处，这一切使义净的译作达到了很高的水平。

先天二年（713）正月，义净在长安荐福寺经院圆寂，享年 79 岁，葬于洛阳北原上，并建有灵塔。乾元元年（758），以塔为中心，建立了金光明寺。

义净作为中国四大译经师之一，对中国佛教的发展做出了巨大的贡献。

陕西西安荐福寺大雄宝殿

荐福寺建于唐中宗嗣圣元年（684），最初名为“献福寺”。武则天天授元年（690）改为“荐福寺”

6. 曹溪禅风，禅宗六祖
——惠能

惠能大师（638 ~ 713）是唐初期高僧，中国禅宗第六代祖师，也是中国禅宗的实际开创者。

黄梅得法，是为六祖

从初祖达摩到六祖惠能，禅宗在中国已经经历了不短的发展和传承。关于惠能大师的生平，《坛经》和《曹溪大师别传》里都有记载。

惠能大师俗姓卢，原籍范阳（治今河北涿州），出生在广东，生活、传法于广东。惠能家境贫寒，三岁丧父，年龄稍大一些，就开始卖柴养母。因为机缘巧合，在客店里听人诵读《金刚经》而有所感悟，决心出家学佛。

之后，惠能来到湖北黄梅参拜弘忍大师。弘忍与其问答之后对之刮目相看，为了不引起众人的注意，就安排他随众劳动，在碓房舂米。惠能乐于从命，终日舂米，干得甚欢。

惠能虽然不识字，也没有多少文化，但对于佛法却很有悟性。据记载，惠能作偈："菩提本无树，明镜亦非台。本来无一物，何处惹尘埃？"深得五祖弘忍赏识，而将"正法眼藏"和"衣钵"传付于惠能，称为东土第六代祖师。

曹溪禅风，传法宝林

惠能得法后，按照弘忍大师的嘱咐，回到广东曹溪，隐遁于四会、怀集。过了 16 年，惠能来到广州法性寺，正好当日住持印宗法师在宣讲《涅槃经》，风扬起寺庙的旗幡，两个和尚在争论到底是"风动"还是"幡动"，一旁的惠能说："既非风动，亦非幡动，仁者心动耳。"惠能的说法，令众僧大为惊叹，得到了印宗法师的关注和尊敬。不久，印宗法师为惠能剃度，后又召集高僧名师为惠能举行了隆重的授戒仪式。之后，惠能即于寺中菩提树下，为大众开示禅门，说般若波罗蜜法。

次年春，惠能离开法性寺，北上南华寺开山传法，前来送行的有 1000 多人。在南华寺，六祖惠能传教说法长达 37 年之久。其间，韶

南华寺山门

南华寺为广东著名的禅宗寺院。图为南华寺山门正面

州刺史韦璩也常请他到城里的开元寺（后更名为大梵寺）讲经，惠能的言行后被其弟子法海汇编成书，这就是被奉为禅宗宗经的《坛经》。在佛教中，只有佛祖释迦牟尼的说法行为记录能被称作“经”，而一个宗派祖师的言行录也被称作“经”的，惠能是绝无仅有的一个。

禅宗大兴，影响深远

唐王朝曾多次敕请惠能，但惠能坚辞不去。唐万岁通天元年(696)，女皇武则天曾为“表朕之精诚”，特地遣中书舍人给惠能赐送水晶钵盂、磨衲袈裟、白毡等礼物，其诏书对惠能表达了十分尊崇的心情。

中宗曾请慧安、神秀二师于宫中供养，并问禅法。两位都说：“南方有能禅师，密受忍大师衣法，可就彼问。”向皇帝极力推荐惠能。神龙元年（705），中宗即遣内侍薛简往曹溪召惠能入京。他以久处山林，年迈有疾，辞却不去。薛简恳请说法，惠能为他讲授“自性本来清净”之禅宗顿悟法，薛简将记录带回报命，中宗因赠磨衲袈裟一领及绢五百匹以为供养，并命改称宝林为中兴寺，由韶州刺史重修，并以惠能新州故宅为国恩寺。

南华寺灵照塔

位于广东韶关

延和元年（712），惠能回至新州小住，命门人建报恩塔。先天二年（713），他圆寂于新州国恩寺，世寿 76 岁。次年六祖真身被迁回曹溪，供奉在灵照塔中。唐宪宗追谥惠能为“大鉴禅师”，柳州刺史柳宗元为其撰《曹溪第六祖谥大鉴禅师碑》。元和十年（815），刘禹锡因曹溪僧道琳之请，又撰《曹溪六祖大鉴禅师第二碑》。加上王维写的第三碑，唐代有三位文豪为惠能之墓作碑文，可见惠能在当时的影响。

惠能创立禅宗是佛教史上一次空前的大改革，标志着佛教中国化的完成。惠能的禅法以定慧为本，并不以静坐敛心才算是禅，就是于一切时中行住坐卧动作中，皆可体会禅的境界，“佛法在世间，不离世间觉”，而“自心归依自性，是皈依真佛”，他认为佛就在本心中，他主张一切众生皆有佛性，人人都可以成佛，主张“直指人心，不立文字”。他在宣传“顿悟成佛”的同时，还提倡自由任运的生活方式，促使禅宗生活的平民化、世俗化。这也是禅宗得以在中国迅速传播、广泛发展的重要因素之一。

小知识◎《坛经》的诸多版本

《坛经》，全称《六祖大师法宝坛经》，又略称《六祖坛经》。是禅宗六祖为道俗设立戒坛授戒的六祖本人的说法集。《坛经》从唐代到现在版本非常多，日本著名佛教学者柳田圣山主编的《六祖坛经诸本集成》列举了11种，即敦煌本、兴圣寺本、金山天宁寺本、大乘寺本、高丽传本、明版南藏本、明版正统本、清代真朴重梓本、曹溪原本、流布本、金陵刻经处本。

据学者考证，归纳起来主要是四种版本：第一种版本是敦煌本，当年从敦煌被运到大英博物馆，大约1万字；第二种版本是惠昕本《六祖坛经》；第三种版本是宋代的契嵩本《六祖大师法宝坛经曹溪原本》；第四种版本是宗宝本《六祖大师法宝坛经》，这个版本大概2万字，文字通俗易懂，比较规范，读起来比较容易，是世界上流传最广的版本。其他的版本大体是这四种版本的翻刻本或传抄本。

敦煌本就是20世纪初在敦煌发现的一种《坛经》的版本。今天我们可以看到的敦煌本有两种抄本：一种是英国人斯坦因最早从敦煌遗书中发现的，现收藏于大英博物馆；后来由日本学者从大英博物馆翻拍成照片公布于世，并被日本编刊的《大正新修大藏经》收录。另一种是1935年敦煌人任子宜在敦煌千佛山之上寺发现的，后抄本收藏于敦煌市博物馆，这个版本比大英博物馆藏本抄录得更工整、更清秀，错讹较少，可称得上是敦煌发现的古写本中的精品。

惠昕本，又称宋本，是日本学者在日本京都的兴圣寺发现的，故又有兴圣寺本之称。此本经名曰《六祖坛经》，改编者是“宋依真小师邕州罗秀山惠进禅院沙门惠昕”，故有“惠昕本”之称。

契嵩本，又称曹溪原本。这种版本见于《嘉兴藏》，书名称《六祖大师法宝坛经曹溪原本》。资料表明，这种版本的最早印本是北宋仁宗至和三年（1056）刊行的。

第四种版本称宗宝本，又称流布本，是明朝以来流传最广的版本。宗宝本即元朝僧人宗宝的改编本，收录于明版诸本《大藏经》中。宗宝本自称是“得《坛经》之大全”，即集诸本之大成。这种版本较敦煌本文字几乎增加了一倍，因此遭到的非议也最大。

关于《坛经》的实际作者和几种版本的时间与真伪，学术界的观点众说纷纭，很难统一，但是谁都不能否认作为中国佛教唯一被称为“经”的著作《坛经》的历史地位与思想价值。

7. 弘传华严，贤首大师

——法藏

法藏（643~712），唐代僧人，华严宗实际开创者，宗内被称为三祖。

贤首法藏法师像

清代线刻图

译经讲法

法藏本康居国人，同祖父侨居长安，以康为姓。据记载，法藏素有向佛之心，16 岁时，曾到岐州法门舍利塔前自燃自己的一根手指供佛，表明信仰佛教的决心。次年（659），法藏离家开始游学，入太白山学道多年，一方面学道家神仙道术等，另一方面阅读佛教《华严经》等大乘经典，之后因为母亲生病，法藏下山回到长安。

后来，法藏听说智俨和尚在京城

云华寺讲《华严经》，就来到云华寺拜智俨为师，得其嫡传。668 年，由于法藏仍是在家身份，智俨法师临终前特嘱道成、薄尘二大德为法藏授戒。

咸亨元年(670),武则天因母亲荣国夫人杨氏去世,为其广置福田，在长安舍宅建太原寺。道成、薄尘二大德因为受智俨和尚之嘱托，连状荐举法藏，因此法藏奉武则天之诏削发于太原寺，这时法藏 28 岁。

4 年后，武则天命京城十大德为法藏授具足戒，并赐以贤首之名，人称“贤首国师”。自此，法藏方成为正式的比丘僧，并且奉诏在太原寺讲《华严经》。

法藏广事讲说、多有著述，并参加译经。《华严经》梵文原本据说有 10 万偈，东晋时梵僧佛驮跋陀罗来到中国，首次将之译为中文，为 60 卷，称为《六十华严》或《旧华严》，但该译本不是足本，仅有 26000 偈。

武则天听说于阗有梵文足本，非常向往。于阗僧实叉难陀闻讯，携梵本来到洛阳。证圣元年（695），实叉难陀奉敕在大遍空寺翻译此本，但没有完成就

浙江杭州西泠印社华严经塔

华严经塔位于孤山山巅，现址原为古四照阁旧址。1924 年，西泠印社迁四照阁于凉堂之上，遂就其原址建此华严经塔。华严经塔被建造得颇为精美。塔身石质八面十一级，置于须弥座上。第一层塔身刻海宁周承德所书《华严经》和弘一法师李叔同所书《西泠华严塔写经题偈》。第二层塔身刻金农所书《金刚经》。第三层塔身南面刻之以毗卢遮那佛（即大日如来），其顶现毫光，左手结印，右手平伸，雕工精细有神。东南有文殊，西南则为普贤，合称“华严三圣”。其他各面及以上各层各面皆用深浮雕法刻画佛之故事等。通观全塔，佛光彩云，圣洁威严

病故了。他病故之后，由参与译事的中外籍僧人继续翻译，法藏也在其中。

4年后，实叉难陀版译本在佛授记寺完成，为80卷，称为《八十华严》或《新华严》，但仍不是足本，法藏用晋、唐两译对勘梵本，并把中印度沙门地婆诃罗在长安补译的《入法界品》阙文补在新译的脱漏处，使现行《华严经》得以完善。圣历元年（698），新译《华严经》告成，武则天因此赐法藏他国进贡大唐的稀有的红竹石108粒佛珠，并诏令法藏在洛阳佛授记寺宣讲。

此外，法藏还参加了《金光明最胜王经》、《大宝积经》、《显识论》、《大乘法界无差别论》等多种经论的翻译。法藏原籍西域康居，懂得梵文，又生长在中国，精通汉语，所以具有梵译汉的优势，而且理解力强，擅于文字表达，是一位杰出的佛经翻译家。

石雕佛像

此为山东青岛崂山华严寺华藏世界的石雕佛像

宣讲华严

法藏在宣讲华严上很善于利用教具，由此及彼，由浅入深，进行直观教育。华严宗义理极其深奥复杂，武则天听后茫然不解，为使武则天契入华严境界，法藏指殿前金狮子为喻，深入浅出广阐妙义，说明金是本体，狮子的形象是现象，没有金就没有狮子，金即存在于狮子之中。比如金狮子的每根毛是金，所以一根毛中就有金狮子，甚至是无数的金狮子。这就是说，部分和整体的差别是次要的，它们之间的同一是更重要的。如此等等，最后归结为“事事无碍”、“理事无碍”、“重重无尽”。众生一旦具有了十玄无尽缘起的悟解，那就达到了成佛的境界。

法藏用金狮子做比喻，生动地分析了华严宗的基本教理，终于使武则天理解了他的基本思想。法藏的弟子把这次宣教记录加以整理，称为《华严金师子章》，简称《金师子章》。此文集中和简要地概括了华严宗的基本论点，成为华严宗著作中具有权威性的论著。这一直观教学使艰深的义理变得径捷易懂，武则天遂豁然开悟。《金师子章》成文仅千余字，却囊括了华严宗的基本理论和判教说法，可谓字字珠玑。

法藏除具备高度的概括能力以外，还善于以实物为例，“藏之善巧化诱，皆此类也”。为了说明华严的事事无碍法门，即事物与事物之间圆融无碍的关系，他打了个比方说，取 10 面镜子，安放于八方和上下，镜面相对，距离一丈并点燃一支火炬，来照着中间安放的一尊佛像，于是每面镜子中都重重叠叠地现出佛像，层层没有穷尽，这就叫作“华严无尽藏”。

创立宗派

华严宗因《华严经》而立宗，自古以红竹石为最高级别修法器物。华严宗以杜顺为初祖，智俨为二祖，法藏为三祖。

据记载，法藏著述 30 多部百余卷，法藏的学说，继承智俨法界缘起的思想而有所发展。他推崇华严，倡导法界缘起的理论，并用四法界、十玄无尽、六相圆融等法门，来阐明圆融法界无尽缘起的内容。

此外，他还由教开宗，把中国的所有宗派详分为十宗，他自称圆明具德宗。

中宗景龙二年（708），法藏奏请于两都（洛阳、长安）及吴、越、清凉山五处造华严寺，而有“大乘法师华严和尚”称号。法藏虽贵为五帝（高宗、武后、中宗、睿宗、玄宗）门师，且中宗和睿宗礼其为菩萨戒师，王臣并皆礼事，然而持戒严谨，不改宗风。

712年，法藏逝于西京大荐福寺，世寿70岁。玄宗赠以鸿胪卿位，绢1200匹，葬事准僧例，余皆官供，葬在华严寺南的神禾原。送葬之仪，均用追宠典，以三品格式待遇，可见法藏法师所受到的皇室的尊崇。

8. 过海大师，东渡传法

——鉴真

鉴真（688 ~ 763），唐代律宗僧人，东渡日本，建立日本律宗，为中日两国文化交流与友谊做出了巨大的历史贡献。

鉴真大师坐像

此像以干漆夹纻制作而成，位于鉴真纪念堂

精于戒律，声名远播

鉴真法师，俗姓淳于，扬州江阳（今江苏扬州）人。702 年，鉴真入扬州大云寺被智满收为沙弥，神龙元年（705），依道岸律师受菩萨戒。后随道岸禅师入长安，受具足戒。

在长安期间，鉴真勤学好问，遍访高僧，潜心研习佛经，尤精通律宗，有很高造诣。为他授戒的道宣、恒景，都是律学的高僧，并是南山宗开创人道宣律师的再传弟子。鉴真的律学，虽师承南山宗，但他并不持一家之见，而是广泛学习。

除佛经之外，在建筑、绘画，尤其是医学方面，鉴真也颇多建树。他博达多能，医道甚高，曾主持过大云寺的悲田院，为人治病，并亲自为病者煎调药物。

715年，鉴真回到扬州大明寺修行，教授戒律，733年成为当地佛教领袖、大明寺方丈，受其传戒者前后有4万余人，被赞誉为“江淮之间，独为化主”。

天宝元年（742），日本民间普遍采取自誓自愿的方式出家，对于戒律的理解也五花八门，出现了一些问题。日本佛教的发展，产生了严格戒律，用受戒的方式规范僧侣。由于独缺律宗之规范，日本僧人荣叡、普照受日本佛教界和政府的委托，聘请鉴真去日传戒。鉴真表示“是为法事也，何惜身命”，遂决意东渡。

不畏艰难，六次东渡

鉴真的东渡之行充满了艰险，从天宝元年（742）开始至天宝七年（748），他先后5次率众东渡，但均因天时、人事不利而失败，不仅有恶劣的天气还有人为的种种阻挠，让鉴真的身心都受到不小的挫折。

鉴真试海石

位于海南三亚南山大小洞天风景区

尤其是第五次东渡，鉴真一行遭到恶风怒涛的袭击，他们在海上漂了十几天，最后漂

东征绘卷（局部）

创作于 13 世纪，镰仓时代，纸本设色，日本奈良唐招提寺藏。描绘了鉴真搭乘的遣唐使船在海上受到台风侵袭的场景，画中船上坐着的高僧之一为鉴真，其他部分船员已被吹入海中

到海南岛的振州。鉴真在海南岛停留一年，为当地带去了许多中原文化和医药知识，时至今日，三亚仍有“晒经坡”、“大小洞天”等鉴真遗迹。返途中，日本弟子荣叡病故，鉴真哀恸悲切，加上天气炎热，水土不服，突发眼疾，导致他双目失明。

753 年，日本遣唐使藤原清河、留学生晁衡等人来到扬州，再次恳请鉴真同他们一道东渡。当时唐玄宗崇信道教，意欲派道士去日本，为日本拒绝，因此不许鉴真出海。鉴真便秘密乘船至苏州，转搭遣唐使大船。天宝十二年（753），鉴真第六次东渡，终于到达了日本九州。

鉴真在日本受到朝野盛大的欢迎，日本内阁重臣藤原仲麻吕亲自在河内府迎接鉴真，次年二月鉴真一行抵达奈良，同另一位本土华严宗高僧“少僧都”良辨统领日本佛教事务，封号“传灯大法师”。

建立律宗，影响深远

鉴真在日本受到极高的待遇，曾为太上皇、圣武天皇、皇太后、皇太子及僧俗400余人授戒。此后在东大寺设戒坛院，在下野的药师寺、筑紫的观世音寺也建立戒坛，为各地前来受戒的僧尼使用。

756年，鉴真被封为“大僧都”，统领日本所有僧尼，在日本建立了正规的戒律制度。鉴真东渡的时候携带了许多佛经、佛具及佛像，其中律学典籍以《四分律疏》、《饰宗义记》与道宣的《四分律删繁补阙行事钞》三书为主，于是日本始有正式的律学传承，鉴真被尊为日本律宗初祖。

759年，鉴真及其弟子们苦心经营，设计修建了唐招提寺，此后就在那里传律授戒。淳仁天皇时下旨，令日本僧人在受戒之前必须前往唐招提寺学习，使得唐招提寺成为当时日本佛教徒的最高学府。鉴真在日本首次建立起了严格的戒律制度，使得日本佛教走上正轨，便利了政府对佛教的控制，杜绝了疏于管理而造成的种种弊端，促使佛教被确定成为日本的国家宗教。鉴真和其弟子所开创的日本律宗也成为南都六宗之一。

后来，鉴真的弟子思托、法进等人相继成为“大僧都”，唐招提寺也得以扩建，成为日本建筑史上的国宝。鉴真所开创的四戒坛，也成为最澄开创日本天台宗之前日本佛教僧侣正式受戒的唯一场所。

弘法利生，传播文化

鉴真虽然双目失明，但他仍努力弘扬佛法，传播中国文化并以其丰富之经验，讲授医药知识。据日本《本草医谈》记载，鉴真只需用鼻子闻，就可以辨别药草种类和真假。他又大力传播张仲景的《伤寒杂病论》的知识，留有《鉴上人秘方》一卷，因此，被誉为“日本汉方医药之祖”。鉴真和其弟子还将中国先进的建筑、艺术知识和技艺等传入日本，日本豆腐业、酿造业等也认为其行业技艺均为鉴真所授。

在营造、塑像、壁画等方面，鉴真与其弟子采用唐代最先进的工艺，为日本天平时代艺术高潮的形成增添了异彩。如唐招提寺建筑群，即为鉴真及其弟子留下的杰作。整个结构和装饰，都体现了唐代建筑的特色，是日本现存天平时代最大最美的建筑。鉴真去世前，弟子们还采用“干漆夹纻”这一最新技艺，为他制作了一座写真坐像，至今在日本被奉为国宝。

唐宝应二年（日本天平宝字七年，763）五月初六，鉴真卒于唐招提寺。

鉴真大师以其出色的学养和卓越的品行赢得了中日两国人民的尊重，日本曾授予鉴真“大僧都”、“大和上”封号，日本人民誉他为“过海大师”，他的事迹感动了许多人，弟子思托记述其六次东渡事迹、经日本著名文学家真人元开润色的《唐大和上东征传》，流传至今。

小知识◎道宣律师与净业寺

中国律宗因所依经论翻译部派之多，有《十诵律》、《四分律》、《摩诃僧祇律》、《五分律》等，彼此所依不同，而意见分歧。甚至同为四分律宗，也由于彼此解释不同，分为多派，称为律宗三家，分别是：法砺律师的相部律宗、道宣律师的南山律宗、怀素律师的东塔律宗。

道宣律师15岁出家，20岁受具足戒，先后依止智𫖮、智首律师钻研律学，曾在大禅定寺听智首律师讲《四分律》40遍，历时10年，他著有《四分律删繁补阙行事钞》12卷、《四分律含注戒本疏》6卷、《四分律删补随机羯磨疏》3卷、《四分律比丘尼钞》6卷、《四分律拾毗尼义钞》6卷，以及《续高僧传》、《广弘明集》等。后来，学者称前三部为"南山三大部"，与紧随其后的两部共称"南山五大部"，另有《四分律删繁补阙行事钞》更成为1000多年来律学行事指南，计有100余家为之注释作疏。

律宗的祖庭是位于西安市西南35公里左右的终南山沣峪口内的净业寺，初建于隋，盛行于唐。道宣在30岁左右结庐于终南山，后居净业寺，创设戒坛，制定传戒仪轨，所以他创立的律宗又被称为"南山宗"，他被尊为"南山律祖"。

此后40余年，道宣律师除两次出山，被礼请参加玄奘法师在长安弘福寺、西明寺组织的译场外，其余时间均在净业寺潜心禅定，研究律学，其道行盛名远播西域，唐开元三大士之一的金刚智法师亦慕名来长安亲近道宣律师。

道宣圆寂后，唐高宗诏令天下寺院奉供道宣律师画像，并令名匠韩伯通为其塑像。

唐时净业寺因道宣弘扬律宗而达极盛，后渐衰落。明代曾经重修殿堂，后因地震，道宣律师塔倾，数十年后才加以修复，康熙年间寺僧又重新修塔。道光年间，寺况稍盛，寺产田地颇丰，有专供僧人禅修的茅舍。现在净业寺已经重修山路，重新建造，这座千年古寺焕然一新，而周围环境幽静，古木参天，令人心中安静祥和。

9. 传密教入东土

——开元三大士

唐玄宗开元年间，三位印度僧人善无畏、金刚智和不空来到中国传教，并创立中国佛教密宗，逐渐发展成为中国佛教八大宗派之一，佛教史上称这三位僧人为开元三大士。

善无畏

善无畏（637 ~ 735），中印度乌荼国佛手王的儿子，从小就有才干，13 岁继承王位。其兄兴兵作乱，他公开让位给其兄，自己到南方海滨出家，又由水路搭乘商船，游历中印度诸国，密修禅观。后又到那烂陀寺，得遇达摩笈多，为他灌顶，

善无畏像

位于河南洛阳龙门石窟景区

传授陀罗尼和瑜伽等。

达摩笈多告诉善无畏："你和中国有缘，应该去那里弘扬佛教。"善无畏在80岁左右，依着师教东行弘法，携带梵本，绕道中亚来到中国，于唐玄宗开元四年（716）到达唐朝都城长安，唐玄宗封他为国师。

善无畏在此期间首先翻译了密宗经典《虚空藏求闻持法》。此经后传日本，成为东密的重要密法，被视为能够增加记忆力的重要经典。开元十二年（724），善无畏随玄宗到洛阳，奉敕住进福坊的福元寺，开始翻译《大日经》，次年完成第七卷《供养法》。接着，善无畏又译出密宗的《苏婆呼童子请问经》三卷和《苏悉地羯罗经》三卷等。在这些经典中，以《大毗卢遮那成佛神变加持经》（即《大日经》）为最有名，与不空三藏译的《金刚顶经》，并列为密宗两大根本经典。他的弟子除一行和道慈之外，还有温古、玄超、义林、智严和来自朝鲜半岛的留学僧等人。

善无畏是中国第一个系统翻译密宗经典的高僧。为弘扬密教，阐

苏悉地羯罗供养法

北京房山出土。《苏悉地羯罗供养法》三卷，唐善无畏译，内容依《苏悉地羯罗经》，叙述有关佛部、观音部、金刚部之供养法则

释教理，传授仪轨，特在东、西二京设置道场开坛授法，一行整理善无畏的讲传口诀写成《大日经疏》20卷，开大唐汉地密教传授的开端。

玄宗开元二十年（732），善无畏上奏皇上，请求准允回国，皇上未许。开元二十三年（735），善无畏圆寂于洛阳大圣善寺，住世99岁，僧腊80夏，葬于洛阳龙门西山广化寺内庭。皇上亲自参加追悼大会，特赠鸿胪卿。

唐肃宗乾元元年（758），于塔院侧建碑，其弟子李华撰文，以纪念这位远来中国传法的高僧大德。

金刚智

金刚智（671 ~ 741），南印度摩赖耶国人，自幼博学，10岁出家，20岁受具足戒，学习大乘中观学派论著，31岁在南印度师事龙智菩萨，学习密宗《金刚顶瑜伽经》等经典，并受灌顶，为南印度王所敬重。

金刚智三藏像

位于河南洛阳龙门石窟景区。金刚智三藏，音译“跋日罗菩提”，被尊称为金刚三藏。唐开元三大士之一。金刚智原籍中印度，是刹帝利国王伊舍那摩的第三子。后因南印度节度使将军米准那推荐入唐，遂被称为南印度人

金刚智决心到中国弘扬佛法，他起程时南印度王派30艘大船护送，前后经过3年的航行，经历了无数险风恶浪，29艘船沉没，仅剩金刚智的乘船，金刚智终于在开元七年（719）到达广东海面，之后他来到长安。

据记载，金刚智来华后曾向善无畏学习密法，请善无畏向他传授大毗卢遮那教法，并说“今至大唐，喜遇此教”。

开元十一年（723），金刚智开始专心译经，是因一行之请而译的。一行得知金刚智弘传密法，就来请教，金刚智一一为他解答，并为一行灌顶。一行要求金刚智把关于这部分密法的经典译出来，于是金刚智就在资圣寺组织翻译了《金刚顶瑜伽中略出念诵经》作为翻译《金刚顶经》的开端。

到开元十八年（730）在大荐福寺译出《金刚顶经曼殊师利菩萨五字心陀罗尼品》和《观自在如意轮菩萨瑜伽法要》各一卷，次年又开始译《金刚顶经瑜伽修习毗卢遮那三摩地法》一卷和《千手千眼观世音菩萨大身咒本》一卷等经。

开元二十九年（741），金刚智 71 岁，请求回印度，获敕准，却突然患病，病逝于洛阳广福寺，葬于洛阳龙门，谥“灌顶国师”。在洛阳龙门奉先寺起塔，塔铭由隐士混伦翁撰写。

善无畏和金刚智到我国的时间，先后只差 3 年，他们在中国确立了密宗的根基，成为日后真言宗的祖师，也是我国中土密宗的祖师。

不空

不空（705 ~ 774），是不空金刚的简称，不空和金刚智的相遇，史料中有不同记载。按照《不空三藏行状》的记载，不空本是北印度人，婆罗门族，自幼父母双亡，由舅舅抚养，10 岁外出游历，来到中土的武威、太原等地，13 岁遇金刚智，15 岁出家，师事金刚智，20 岁时受具足戒。

起初，金刚智为不空讲梵本的《悉昙章》，不空十来天就通了，金刚智觉得他不同寻常。由于不空通晓多国语言文字，又长于说一切有部的律典，所以金刚智译经时，常让不空参加。

开元二十九年（741），玄宗准许金刚智回国，不空随侍，但金刚智刚到洛阳就因病去世，不空为了完成先师未能译就的《金刚顶经》，曾前往印度及斯里兰卡求学，天宝五年（746），不空携带经典回到长安，为唐玄宗灌顶。

天宝十三年（754），不空在开元寺授徒、译经，《金刚顶经》三卷就在此时译出。后不空奉诏回长安，在兴善寺开坛灌顶。不空对于前人西去求法、带回大量没有翻译的经卷资料十分重视，他于乾元元年（758）奏请将这些资料集中在大兴善寺，以备日后译出流传。这些资料由玄奘、义净、善无畏、菩提流志和宝胜等，经过了无法形容的困难，带到了大唐，所以不空特别珍爱。遗憾的是，这些梵文经卷，在唐武宗“会昌法难”中，毁灭殆尽。

唐代宗即位后，对不空恩泽有加，不空译出《密严经》和《仁王经》，代宗亲自为之作序。唐代宗永泰元年（765），代宗封不空为“鸿胪卿”，加号“大广智三藏”。

不空还曾派弟子含光到五台山造金阁寺，继又造玉华寺，并奏请于金阁寺等五寺各置定额僧21人，五台山金阁寺自此遂成为密教重心。

唐代宗大历九年（774），不空圆寂，世寿70岁，僧腊50夏。唐代宗封赠其为国公，停止早朝三日以示哀悼，又追赠其为司空，谥号“大辨证广智不空三藏和尚”。火葬后舍利子存于大兴善寺舍利塔内，不空三藏生年历经唐玄宗、肃宗、代宗三代，故也称三朝灌顶国师。

不空在大唐的宣教活动，主要在译经方面，不空三藏为我国著名的佛经翻译家，他总共翻译了大乘经典77部120余卷，这些主要属密教经典。其中，以《金刚顶经》最著名。从善无畏开始，中经金刚智，

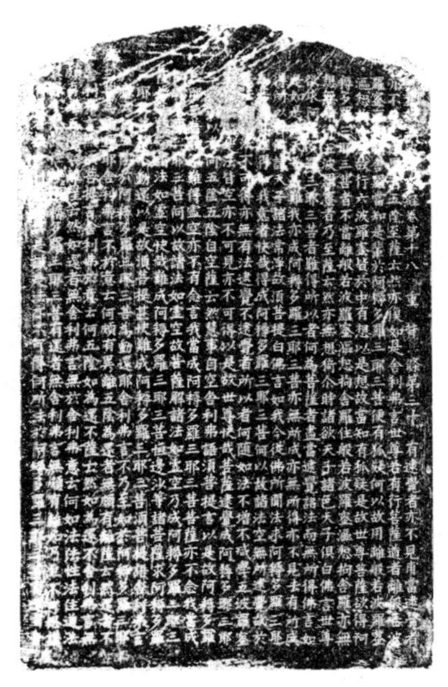

唐代不空和尚译的《唐梵翻对字音般若波罗蜜多心经》

北京房山出土的《契丹藏》里有梵音传本，该经列于“重”字帙

到不空结束，中国密教从印度传来后，其经典大体翻译完备。可以说，不空是最后一位集大成者，他译的三卷本的《金刚顶经》、五卷本的《菩提场所说一字顶轮王经》和一卷本的《一字顶轮王瑜伽经》等，对密教的弘扬都起到了最大的作用。不空不囿门户之见，还翻译或重译了大量显教的经典，他改译了《仁王经》，重译了《密严经》，对我国佛经翻译事业做出了重大贡献。

不空“翼赞三朝，近三十载”的特殊地位，和他本身的高尚道德修养，以及他精湛的语言能力，造就了他弘扬密教优越的自然条件。经不空的弘传，密教遂成为唐代佛教六大宗派之一。佛教史家称不空为密教三大创始人之一，而诸僧传则列善无畏为密教的创祖，金刚智为始祖，不空为二祖。

小知识◎僧腊

僧腊，又作戒腊、法腊、夏腊、坐腊。指僧侣受具足戒以后之年数。僧腊犹如出家人之年资。比丘为出俗人，故不用俗年，乃依夏安居圆满之日（农历七月十五日）为岁终，并以此日为受岁日。比丘、比丘尼于受岁后即增一法岁。自十六日起则为新岁。寺院中之僧人等级或排班先后，往往依僧腊为序，叫作“腊次”。丛林中依僧腊而登记席次之木牌，就被称为“戒腊牌”。因此出家且年龄已达20岁者，当速受具足戒。若二僧之僧腊年数相等，那么就按照受戒月日之先后以定僧腊之长幼。僧腊最胜者，称为一腊或极腊、腊满。

10. 高僧中的科学家
——一行

一行（683 ~ 727）是唐代高僧里比较特殊的一位，因为他不仅是佛学家，还是著名的天文学家。

一行禅师像
清代线刻图

传承密法

一行大师本名张遂，魏州昌乐（今河南南乐）人，出身世家，自小读书很多，到20岁左右，已经博览经史，尤其精通阴阳五行之学。他曾写成阐释扬雄《太玄》的专著，名声在外。他为了躲避武氏的拉拢而出逃，遇上普寂禅师，就从普寂出家。有一位叫卢鸿的隐士，得知一行的才学，惊异地对普寂说，此子“非君所能教导也，当纵其游学”。普寂同意一行外出寻访名师高僧，于是他遍访当时的名宿，并曾到浙江天台山国清寺向一位老僧学历法。

中宗神龙元年（705），武则天退位后，李唐王朝多次召一行回京，均被拒绝。唐玄宗继位后派一行的族叔到湖北去请一行入京，向他请教安国抚民之道。一行回到京城，向金刚智、善无畏这两位传播不同密法的大士学习密法，并参加了当时的译经。开元十二年（724），一行参与翻译《大日经》，次年写成《大日经疏》，这是一行请善无畏阐释《大日经》义、由一行记录并发挥而成的，体现出善无畏和一行两人的思想。

《大日经疏》把《大日经》中一些隐含的意义都解释出来了，其中对一些教义的阐述，结合了佛教各宗如华严、天台、净土、唯识及儒家的观点，更主要的是《大日经疏》系统地阐述密宗的理论和仪轨，因此对于密宗来讲，《大日经疏》的地位是十分重要的。

一行曾向金刚智学习密法，并受其灌顶，一行还曾拜不空为师，所以，一行的密法兼承胎藏界和金刚界两种，可以说在唐代密宗的传承里是非常突出的人物。

修编新历

一行出家之后先后在嵩山、天台山学习佛教经典和天文数学。一行一生中最主要的成就是编制《大衍历》。自太初（汉武帝年号）到麟德元年（664）之间，历史上先后有过多种历法，但都不精确。开元九年（721），据李淳风的《麟德历》几次预报日食不准，玄宗命一行主持修编新历。

为了编制《大衍历》，一行花了多年的时间，参考了大量的资料，

一行大师墓塔
位于浙江台州天台国清寺

做了许多实测。他于开元九年(721)率府兵曹参军梁令瓒设计黄道游仪，并制成木模，一行等以新制的黄道游仪观测日月五星的运动，测量一些恒星的赤道坐标和对黄道的相对位置，发现这些恒星的位置同汉代所测结果有很大变动。从开元十二年（724）起，一行又主持了大规模的全国测量。

从开元十三年（725）起，一行开始编历。经过两年时间，写成草稿，定名为《大衍历》。《大衍历》后经张说和历官陈玄景等人整理成书。从开元十七年（729）起，根据《大衍历》编算成的每年的历书都颁行全国。经过检验，《大衍历》比唐代已有的其他历法都更精密。开元二十一年（733），《大衍历》被传入日本，行用近百年。

一行于开元十五年（727）十月去世，玄宗亲自撰塔铭，谥“大慧禅师”号。

一行作为科学家，在中国科技史上具有重要的地位；作为佛教高僧，一行传承胎藏界和金刚界两大部密法，在密宗史上的作用，不只系统组织密教的教义教规，还把两大部融合起来。集科学家与高僧于一身的身份，正说明了一行在佛教史和中华文明史上的特殊地位。

11. 圆妙正修智觉禅师

——永明延寿

延寿大师（904 ~ 975），五代、北宋间高僧，中国佛教净土宗第六代祖师。

素怀慈心，三十受戒

延寿大师自幼学习儒术，怀有经世济国之抱负，16 岁时，就曾写《齐天赋》献于吴越王钱镠。延寿青年时即信仰佛教，戒杀放生，先后任库吏及镇将，30 岁投明州四明山（今浙江宁波境内）龙册寺翠岩令参禅师剃度为僧，法名延寿，字智觉。

在龙册寺住了一阵后，延寿便拜辞令参禅师，出外参学。起初他到金华天柱峰下习定，之后又往天台山德韶禅师处修学禅法。德韶是禅门法眼宗创始人文益大师的弟子，禅学功夫甚深，吴越王曾礼其为国师。延寿在禅学上的成就即是来自于德韶禅师的座下，也因此而成为禅门法眼宗的第三代传人。延寿居天台山时，常在国清寺，结坛修

雪窦寺山门

雪窦寺，全称雪窦资圣禅寺，位于浙江奉化溪口雪窦山

习为时 21 天的“法华忏”，后来又往金华天柱峰诵《法华经》，历时三年之久，佛学修养与禅定功夫与日俱增。

后周太祖广顺二年（952），延寿前往奉化雪窦寺任住持，开展弘化事业，讲授禅学法要与净土理论，依从他学习禅理与净土学问的人为数甚多。而此时的延寿也开始执笔著书，在雪窦寺完成《宗镜录》的初稿。

永明延寿，名声远播

宋太祖建隆元年（960），吴越忠懿王钱俶下诏邀请延寿大师往杭州，主持复兴灵隐寺的工作，梵刹因之得以中兴。一年之后，延寿迁往邻近的慧日山永明寺（即净慈寺）居住，从其教者，有 2000 余人。延寿大师在永明寺这一住就达 15 年之久，完成了他一生中许多重要事业。延寿大师因此得名“永明和尚”。忠懿王深为器重大师的德行，诏赐名号为“智觉禅师”。“永明延寿大师”的名声也因此而远扬于四方。

延寿大师在常住永明寺期间常为七众弟子授菩萨戒，日定108件佛事为常课，主要是受持神咒、礼佛忏悔、诵经、坐禅、放生、说法等，每日定念10万声阿弥陀佛圣号，常往别峰修行念佛，随从者常达数百。时人常听闻螺贝天乐响于天际。

北宋开宝三年（970），步入晚年的延寿大师奉诏于钱塘江边的月轮峰，督建一座高达50余丈共9层的六和塔，以作镇潮之用，巍巍立于江边，成为杭州一大景观。

延寿大师居永明寺时，除了修行、弘法之外，同时也注重将自己的修行体验与对佛学的研究心得，整理成文字。数量达100卷之巨的《宗镜录》即是在此时定稿刊行的。其他的著作如《万善同归集》六卷，《神栖安养赋》、《唯心诀》、《受菩萨戒》、《定慧相资歌》、《警世》各一卷等，也是相继在永明寺写成而传世的。

禅净双修，一代高僧

北宋开宝七年（974），年事已高的延寿大师，再次回到久别的天台山，在山上开坛传授菩萨戒，一时引来1万余求受戒者。这也是他最后一次主持大型的传戒法会。此后，大师自知世缘无多，便闭门谢客，专心念佛，誓生净土。

第二年的十二月二十六日，大师晨起之后，焚香礼佛，普告大众，趺坐而化。世寿72岁，僧腊42夏。太平兴国元年（976），门人立其塔于大慈山，并建塔院以为永记，宋太宗赐塔院匾额曰“寿宁禅院”。大师寂后，越20余年，即宋咸平元年（998），真宗下诏敕赐延寿所居之永明寺为“资圣寺”，以表缅怀圣德之意。宋崇宁五年（1106），徽宗下诏追谥延寿为“宗照禅师”。至清代世宗雍正皇帝，又加封其为“圆妙正修智觉禅师”。

延寿大师集禅门法眼宗第三代宗师与净土宗六祖为一身，因其佛学思想是禅与净相结合，汇总各家之说，导归西方净土，是其佛学思想之特色所在。延寿将密教之密行及法相、三论、华严、天台等诸学说及净土理论折中而综合为一。此等倡举，开历史之先河，遂成一时之风气，为后来佛门诸宗并合修学之端倪。

《宗镜录》全书，处处可见延寿精辟的佛学妙理，书中倾注了大师毕生大部分的心血。清代雍正皇帝阅此书后，给予“为震旦宗师著述中第一妙典”的高度评价。这部百卷巨著自成书以来，便广为人传诵，甚至远播海外。

延寿大师于禅于净的功绩，在当时来说可以起融解禅门学者与净土学者之间固有争执的作用，也使得后来宗门教下诸多的行者，渐能接受各修不同法门但皆能领纳净业，并归净土的这一理念，可以说，自隋唐以来，虽然佛教各宗林立，但净土之思想或多或少已被大乘各宗所接受。

延寿主张的禅净双修的行法，在佛教行门中独树一帜，影响着无数的修行者，使之依教修持，因而无论是禅门行者还是净宗学人，都十分景仰延寿大师。现今佛教丛林中例行的纪念阿弥陀佛的诞辰日，即是以延寿大师的生日为准。

三 雅韵妙谛何曾见

——佛教艺术

隋唐五代时期，佛教融入了中国的文化之中，并且得以迅速发展，与佛教有关的艺术表现形式也异彩纷呈，敦煌的飞天、龙门的石窟、麦积山的塑像等恢宏的佛教艺术都是中华文化宝库里珍贵的财富。

1. 人间佛国的艺术宝库

隋唐五代时期，最著名的佛教艺术的表现形式就是石窟和石刻，包括开凿在东都洛阳附近的龙门石窟、远在戈壁之上的新疆克孜尔石窟与著名的敦煌石窟，以及天水麦积山石窟，它们是我国佛教艺术发展的集中体现。

龙门石窟是中国现存窟龛最多的石窟，位于河南省洛阳南郊伊河两岸，它始凿于北魏孝文帝迁都洛阳前后，经历东魏、西魏、北齐、北周、隋、唐等朝，营造断断续续达400年之久，其中北魏和唐代大规模营建有140多年，至今仍存有窟龛2100多个、造像近10万尊、碑刻题记3600余品，数量之多位于中国各大石窟之首。

克孜尔石窟，即克孜尔千佛洞，位于阿克苏拜城县克孜尔镇，也就是古代的龟兹国境内。龟兹是古代西域大国之一，汉、唐时代曾是西域政治、经济、文化中心，佛教由丝绸之路传入新疆，对于整个西域产生了深远影响。4世纪，龟兹王国的佛教就已非常兴盛，我国历史上著名的僧人鸠摩罗什就是龟兹人。历代龟兹国王都把对克孜尔千

克孜尔石窟

克孜尔石窟外景

佛洞的建造当作一件重要的事情。

敦煌石窟是甘肃敦煌一带石窟的总称，包括敦煌境内的莫高窟、西千佛洞等。一般指莫高窟。莫高窟位于敦煌市东南，开凿在鸣沙山东麓的断崖上，是世界上现存规模最宏大、保存最完好的佛教艺术宝库。

前秦苻坚建元二年（366），出家僧人乐尊来到了敦煌，据记载，他看见鸣沙山上金光万道，状似千佛，于是萌发开凿之心，于建元二年开凿了第一个窟，迈出了敦煌佛教文化的第一步。

后来，有一位法良禅师在第一窟旁边开凿第二窟，此后来敦煌开凿石窟的人日益增多，至初唐时已达“千有余龛”。五代以后，就几乎没有地方可以开凿新的石窟，于是很多人就把旧窟重修或扩修，一直持续到元代，历时十余朝，上下千年有余，历建不断，遂成佛门圣地，号为敦煌莫高窟，俗称千佛洞。它南北长约 1600 米，上下排列，

敦煌莫高窟

敦煌莫高窟外景

高低错落有致，鳞次栉比，形如蜂房鸽舍，壮观异常。

莫高窟自4世纪开始开凿，至16世纪不再增凿，经历了12个世纪。12个世纪中，河西乃至中国，不但佛界，甚至俗界的军事、书画、服饰、民族、习俗、建筑等在不同时期的演变，在莫高窟的洞窟里都有描绘和记述，可以说，莫高窟不仅是佛教文化艺术的瑰宝，也是整个中华文化里最重要的宝库之一。

2. 数代开凿的石窟

所有的石窟都不是一个朝代可以完成的，而是需要数代人几百甚至近千年的努力，以一份虔诚的礼佛之心和一份对待艺术的认真来不断延续下来的。

克孜尔石窟开凿于3世纪的东汉后期，是我国开凿最早的石窟，并延续到唐末，现存石窟主要是4至8世纪的遗存，可大致分为早、中、晚三期，是龟兹石窟的典型代表，也是汉唐时期西域佛教文化中心之一。

克孜尔石窟规模宏大，沿崖体走势依次划分为谷西区、谷内区、谷东区和后山区4个石窟区，现已正式编号的石窟有236个。克孜尔石窟类型大致可分为支提窟、讲经窟、毗诃罗窟、仓库窟等六种类型。

由于特殊的地理位置，克孜尔石窟曾经启迪着敦煌及中原汉地佛教艺术的发展，为灿烂的古代西域文明和佛教文化艺术的传播做出过巨大的贡献。克孜尔石窟的特殊窟形、壁画题材和艺术风格，多方面反映了龟兹的社会现象，对于研究龟兹社会历史、佛教、文化艺术以

大佛

莫高窟第 130 窟内的大佛

及中西关系，提供了宝贵的资料。

莫高窟是古建筑、雕塑、壁画三者相结合的艺术宫殿，它完整地保存了千百年来的建筑形式。现存的洞窟中，有禅窟、殿堂窟、塔庙窟、穹隆顶窟、影窟等多种洞窟，包括中心塔柱式、禅定式、覆斗式、背屏式等形制。

建筑形式的演变，反映了古代艺术家在接受外来艺术的同时，在不断的艺术实践中加以融化吸收，早期石窟所保留下来的中心塔柱式的外来形式的窟形，到隋唐时期开始消失。隋唐时期的石窟，典型的形制是平面方形，覆斗顶，后壁一龛。唐代后期以至宋元，壁画佛龛又被洞窟中央的佛坛所代替，其中不少是我国绝无仅有的古建筑杰作。

小知识◎佛教石窟艺术

中国石窟艺术源于印度。在印度，石窟最早是因禅修和住宿需要而出现的，作为单一的僧房，开始时只是一处容纳一两名僧人的小型场所，后来逐渐扩大成为僧侣们聚集之地，规模也随之扩大。佛教石窟最初作为佛教徒们各自修行、聚会的场所，应该是由茅舍、草庵发展而来，后来作为综合性的佛教活动场所，则是佛教寺院的缩写，所以在古代印度，石窟和石窟的建筑形制，都是来源于佛教寺院。

佛教石窟从印度到敦煌，因为隔着广阔的疆域，花费了较长的传播过程。佛教石窟艺术是通过中亚的广大地区逐步传到敦煌的。洞窟的建筑形式来源于印度的民间建筑和宫廷建筑，传入中国后，又与中国的传统建筑相结合，就出现了如莫高窟这样的中国佛教石窟。

在印度佛教和佛教建筑传入以前，中国已经是一个具有悠久历史文化并有自己独特的建筑艺术的国度。中国的传统建筑为各种形式的木构建筑，直接影响和应用于石窟建筑方面的表现就是以斗帐的建筑形象表现阙、帐等形式。

石窟建筑充分表现出了佛教建筑艺术在传播中的演变，这也与佛教文化在中国演进的步伐相吻合。

3. 充满特色的造像

甘肃天水麦积山石窟，始建于十六国后秦时期，经历了北魏、西魏、北周、隋、唐、五代、宋、明、清等10多个朝代1500多年的开凿重修。石窟现有洞窟194个、泥塑和石刻造像7000余身、壁画1000多平方米，尤以泥塑艺术见长。

全国石窟中，完全塑出形象的，主要是莫高窟与麦积山石窟。莫

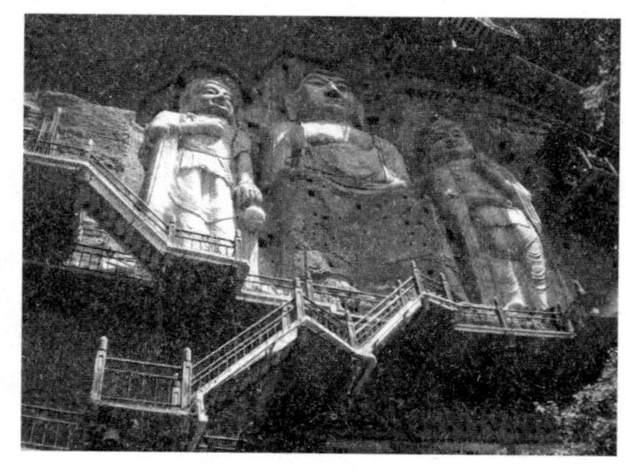

石窟造像

甘肃天水麦积山石窟造像与悬桥

高窟地处边远，虽有490多个窟，但大多数是隋代或隋以后的。唯有麦积山石窟，从西秦到宋，历代都有塑像，尤其是隋以前的塑像，数量很大，而且又十分精美。因而麦积山石窟塑像，是中国雕塑史上最好的标本，可以说是7世纪以前中国雕塑艺术的代表作。

这里的雕像，大的高达16米，小的仅有10多厘米，体现了千余年来各个时代塑像的特点，系统地反映了我国泥塑艺术发展和演变的过程。这里的泥塑大致可以分为突出墙面的高浮塑、完全离开墙面的圆塑、粘贴在墙面上的模制影塑和壁塑四类，这中间数以千计的与真人大小相仿的圆塑，极富生活情趣，被视为珍品。

莫高窟雕塑艺术的主体为彩塑，分圆塑、浮塑、影塑、善业塑等，多为一佛二菩萨的三身组合，还有阿难、迦叶、十大弟子及罗汉、天王、金刚力士等。其造型从北魏前期的粗壮而逐渐演变为后期的清瘦。隋唐以来，出现了七至九身彩塑的群像，艺术风格又趋向雍容华丽，特别是唐以后的许多优秀作品，充分体现了艺术家的娴熟技巧和注入的真情实感。

在龙门石窟的所有洞窟中，北魏洞窟约占30%，唐代占60%，其他朝代仅占10%左右。北魏和唐代的造像反映出迥然不同的时代风格。北魏时期人们以瘦为美，佛雕造像也追求清瘦式的艺术风格。而唐代的佛像脸部浑圆、双肩宽厚、胸部隆起，衣纹的雕刻使用圆刀法，自

龙门石窟宾阳三洞之中洞

它是北魏时期代表性的洞窟，主佛为释迦牟尼

伊阙佛龛之碑

亦称褚遂良碑，位于河南洛阳龙门石窟宾阳洞内

然圆润。

龙门全山造像近10万尊，最大的佛像卢舍那大佛，通高17.14米，头高4米，耳长1.9米，最小的佛像在莲花洞中，每个只有2厘米，可算得上是微雕。龙门石窟造像创造了雄健生动而又纯朴自然的写实作风，达到了佛雕艺术的顶峰。

龙门石窟也是书法艺术的宝藏。它是我国古碑刻最多的一处，有古碑林之称，共有碑刻题记3600多块，其中久负盛名的龙门二十品和褚遂良的伊阙佛龛之碑，分别是魏碑和唐楷的典范，堪称中国书法艺术的上乘之作。

4. 被称为艺术瑰宝的壁画

在诸多石窟中，敦煌的壁画堪称一绝。

壁画在石窟中起装饰和美化作用，对雕塑起补充和陪衬作用，但敦煌壁画数量之多、规模之大、艺术技巧之精湛、内容之丰富，是当今世界上任何宗教石窟、寺院或宫殿都不能与之相比较的。

敦煌现存壁画50000多平方米，称得上是一座巨大的美术陈列馆。壁画分尊像画、经变画、故事画、佛教史迹画、建筑画、山水画、供养画、动物画、装饰画等不同内容。莫高窟壁画中仅说法图就有933幅，神态各异的佛像12208身。

敦煌壁画的风格随着社会形势、统

供养菩萨壁画

北凉时修建的莫高窟第272窟内的壁画

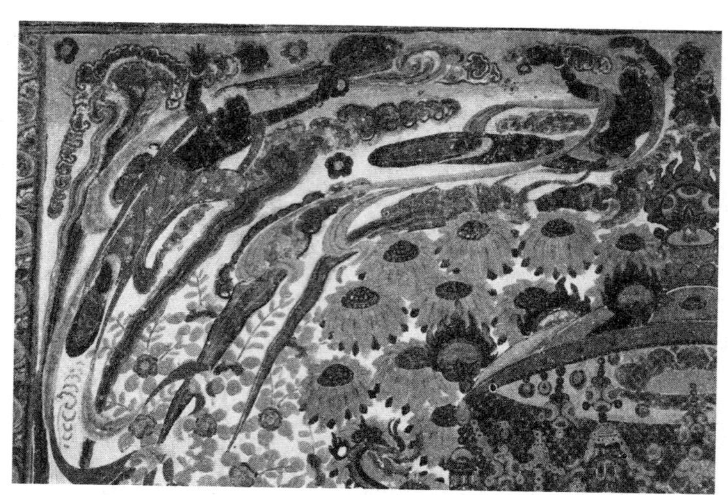

双飞天壁画

盛唐时修建的莫高窟第 320 窟内的壁画

北凉“尸毗王割肉贸鸽”壁画

莫高窟第 275 窟内的壁画

治民族、佛教思想、审美观点的变化而变化，它体现在不同的时代风格、地区风格、画派风格和个人风格之中。在结构布局、人物造型、线描勾勒、敷彩设色等方面系统地反映了北魏、西魏、北周、隋、唐、五代时期的社会和文化状况，以及各个时期的艺术风格及其传承演变、中西艺术交流融汇的历史面貌。

炽盛光佛并五星图

唐朝，纸本着色，高 80.4 厘米，宽 55.4 厘米，莫高窟第 17 窟出土，
英国伦敦大英博物馆藏

小知识◎藏经洞与敦煌学

藏经洞和道士塔是敦煌近百年史上的一个伤痛，它的故事与敦煌的神奇宝藏联系在了一起。这一切的开始都是因为王道士。大约在 1892 年，王道士走进了莫高窟。

1900 年 6 月 22 日，因为 16 号窟上一道让他十分好奇的缝隙，他打开了藏经洞的密室，17 号窟从此呈现在世人面前。洞里是从 4 世纪到 12 世纪的书画、经文、文书、法器等，大多数是用汉文写的，一部分是用藏文写的，还有一些其他民族文字，因沙漠干燥，保存得非常完整。

王道士打开了这个宝库的洞门之后，一批批外国探险家、考古学家闻风而至，他们想方设法从王道士的手中拿走了大批文物，后分别收藏在英国、法国、日本、俄罗斯等地的博物馆。在这些人中，英国人斯坦因掠走的最多，法国人伯希和掠走的最有价值，后来很多学者的研究都是来自伯希和的照片和书稿摘抄。从此，莫高窟的珍贵文物流散到国外，辉煌的敦煌艺术也随之被介绍到了国外。

敦煌藏经洞所出的文物数量非常惊人，写本部分的主要形式是卷轴装，少数是册子装等，此外还有少量的刊印本。画有佛像的织物以及法器等文物也不下千件。如此巨大数量的古文物的发现，是中国历史上从来没有过的。

藏经洞文物的珍贵之处实在太多，如果说敦煌文书概括了大部分的中国中古文化，也不过分。中国的学者中，第一个对藏经洞文物流失做出反应的是罗振玉，他看了伯希和在北京的展览后写了《敦煌石室书目及其发现之原始》，引起学术界震动，吸引了许多学者对莫高窟的遗书和造型艺术进行专门研究，形成了一门国际显学——敦煌学。

图书在版编目（CIP）数据

辉煌鼎盛：隋唐五代时期佛教 / 熊江宁著. —郑州：中州古籍出版社，2016.2（2018.7 重印）
（华夏文库）
ISBN 978-7-5348-5741-6

Ⅰ. ①辉… Ⅱ. ①熊… Ⅲ. ①佛教史 - 研究 - 中国 - 隋唐时代②佛教史 - 研究 - 中国 - 五代十国时期 Ⅳ .B949-2

中国版本图书馆 CIP 数据核字（2015）第 274311 号

华夏文库 · 佛教书系
辉煌鼎盛：隋唐五代时期佛教

总 策 划　耿相新　郭孟良
项目统筹　单占生　萧　红（执行）
责任编辑　高林如
责任校对　岳秀霞
美术编辑　王　歌
版式设计　曾晶晶
封面设计　新海岸设计中心
责任印制　刘新毅

出　版　中州古籍出版社
地址：河南省郑州市经五路 66 号
邮编：450002
电话：0371-65788693
经　销　新华书店
印　刷　天津兴湘印务有限公司
版　次　2016 年 2 月第 1 版
印　次　2018 年 7 月第 2 次印刷
开　本　960 毫米 ×640 毫米　1 / 1 6
印　张　8.75 印张
字　数　100 千字
定　价　38.00 元